MAXIME DU CAMP

LES

CONVICTIONS

> Je vois ce que je veux et non ce que je puis,
> Je vois mon entreprise et non ce que je suis.
>
> AGRIPPA D'AUBIGNÉ.

PARIS

LIBRAIRIE NOUVELLE

BOULEVARD DES ITALIENS, 15.

1858

Traduction réservée

OUVRAGES DU MÊME AUTEUR :

Souvenirs et Paysages d'Orient .... 6 fr.
Les Mémoires d'un Suicidé .... 1 fr.
Le Nil .... 2 fr.
Egypte, Nubie, Palestine et Syrie .... 500 fr.
Les Chants modernes (poésies) .... 5 fr.
Les Beaux-Arts en 1855 .... 3 fr.
Les Six Aventures .... 1 fr.
Le Salon de 1857 .... 1 fr.

Paris. — Imp. de PILLET fils aîné, rue des Grands-Augustins, 5.

LES CONVICTIONS

DÉDICACE

> Aimer longtemps, infatigablement, toujours, c'est ce qui rend les faibles forts.
>
> MICHELET.

Je n'ai pas mis ton nom en tête de ce livre,
Et pourtant tu sais bien qu'il fut écrit pour toi ;
Car ton cœur est le vase où j'ai puisé ma foi
Et les ferveurs d'amour dont mon être s'enivre ;
Tout ce que j'ai chanté, tout ce que j'ai rêvé,
Tout ce qu'en moi le temps laisse d'inachevé ;
Les folles visions où ma raison perdue
Court errante et rapide à travers l'étendue ;
Les travaux sérieux que mon cerveau lassé
Accumule à plaisir en un long labyrinthe
Où mon esprit regarde et s'avance avec crainte,
Abandonnant souvent le chemin commencé ;
Les beaux châteaux d'azur du pays des féeries
Qu'ouvrent devant mes pas les lentes rêveries ;

Le soleil qui reluit aux rivages lointains
Que baignent de leurs eaux les fleuves incertains;
Les villes des rois noirs aux coupoles dorées;
Les longs bois de palmiers dont le sommet mouvant,
Comme de blonds cheveux balancés par le vent,
Frôle le sable rose aux surfaces moirées;
Les déserts inconnus où l'on marche en tremblant,
Précédé du hadji vêtu d'un burnous blanc;
Cette aspiration immuable et profonde
De rendre l'homme bon et de jeter au monde
Des préceptes sacrés de sagesse et d'amour;
Mes croyances au Dieu de la vie éternelle
Qui fait vibrer en tout son âme universelle
Et montre après la mort l'espoir d'un nouveau jour;
Tout ce que je pressens et tout ce qui s'achève;
Mon désir, mes regrets, ma volonté, mon rêve,
Ma tendresse, où m'enchaîne une invincible loi,
Tout monte vers ton cœur pour aimer, croire et vivre!
— Je ne mets pas ton nom en tête de ce livre,
Et tu sais bien pourtant qu'il est écrit pour toi!

Décembre 1857.

LIVRE PREMIER

———

GO A HEAD

I

LES SEMAILLES

SONNET

> Quand nous nous verrions non-seulement délaissés de tout le monde, mais tout le monde contre nous, nous ne laisserions pas pour cela, jusqu'au dernier, de nous défendre, vu l'équité et la justice du fait que nous maintenons.
>
> Guillaume le Taciturne.

Lorsque le laboureur, marchant sous les rayons
D'un soleil de novembre, au loin répand la graine
Où dorment les épis qui jauniront la plaine,
Et qui seront plus tard fauchés sur les sillons ;

Il ne sait si le grain qu'il disperse à main pleine
Ira nourrir le riche ou le pauvre en haillons,

Ou si, dans le flanc noir des âpres tourbillons
Le vent l'emportera! — Qu'il aille où Dieu le mène!

Comme le laboureur jetant la graine au vent,
Jetons notre pensée à travers tous les hommes
Sans nous lasser jamais, ô semeurs que nous sommes!

Nuit et jour, jeune ou vieux, au ponant, au levant,
Partout, toujours, jetons la semence éternelle :
Dieu saura la conduire où l'on a besoin d'elle!

Février 1856.

II

TERRE! TERRE!

> Pourquoi avez-vous peur, gens de peu de foi?
> SAINT MATTHIEU.

O Christophe Colomb! ô martyr! ô grand sage!
Quand de tes matelots abdiquant tout courage
La rumeur imbécile arrivait jusqu'à toi;
Quand la menace lâche et les cris et l'injure
S'élançaient vers ton front dans un hardi murmure,
Lorsque tu n'avais plus pour soutien que ta foi;

Quand, meurtrissant de coups ton âme endolorie,
Ils te redemandaient leur ancienne patrie
Et le clocher natal, le champ et la maison;
Quand niant ton génie et repoussant ton rêve
Ils voulaient revenir au havre de leur grève
Et qu'ils se détournaient de ton cher horizon;

Alors tu leur disais : Encor une semaine,
Encor, encor trois jours, car la terre est prochaine
Où nous devons trouver la fin de nos travaux !
Et tu leur promettais, plein de ta foi féconde,
Que bientôt ils pourraient aborder à ce monde
Que ton regard cherchait sans trêve et sans repos !

Ils t'écoutaient ! Tu l'as trouvé, ce monde immense !
Et la terre aujourd'hui fait encore silence
En tressaillant d'orgueil au seul bruit de ton nom;
Tu ne doutas jamais de ta haute aventure,
Et sans te soucier de ta gloire future
Tu marchas intrépide, et toi seul eus raison.

Pourquoi n'es-tu plus là, sublime capitaine ?
Les temps sont revenus de recherche incertaine,
Nous voguons au hasard vers le monde nouveau ;
Sans boussole, égarés sur les océans mornes,
Et fouillant du regard les horizons sans bornes,
Nous allons ballottés entre le ciel et l'eau !

Vois ! nous ne rencontrons que rochers et naufrages,
L'atmosphère est épaisse et le ciel noir d'orages ;
Le découragement a saisi les plus forts ;
L'embrun, gros de périls, sort des flots pleins d'écume,
Et ses brouillards obscurs se mêlent à la brume
Pour cacher à nos yeux le phare ardent des ports !

La voile est en lambeaux et l'oiseau des tempêtes
Plane funèbrement au-dessus de nos têtes ;
Le pilote éperdu met son front dans ses mains ;
Le gouvernail brisé bat les flancs du navire,
Les fanaux sont éteints et la vague en délire
Déjoue en mugissant tous les efforts humains !

Une épouvante impie a gagné l'équipage ;
Les uns couchés, mourants, contre le bastingage,
Sanglotants et criants, de terreur abrutis,
Ayant tout oublié, les périls et la route,
Le cœur failli, les yeux fermés, l'âme en déroute,
Disent : Hélas ! pourquoi sommes-nous donc partis ?

D'autres, comme un noyé qui se raccroche aux branches,
Se soulèvent encore ; ils dépècent les planches,
Les mâts et les plats-bords pour construire un radeau :
Guidés par je ne sais quelle folle espérance,
Ils oseront tenter leur vaine délivrance,
Et sous les goëmons trouveront un tombeau.

D'autres, pour alléger le navire en détresse,
Laissant parler tout haut leur âme pécheresse
Et pensant pallier leur froide lâcheté,
Reniant tout devoir, toute foi, tout courage,
Jettent, à qui mieux mieux, par-dessus le bordage,
Leur lourde conscience avec leur probité.

D'autres plus résolus, hélas ! en petit nombre,
La manche retroussée et dispersés dans l'ombre,
Sans écouter les cris de tous les défaillants,
Gardant au fond du cœur la croyance au grand œuvre,
Courent au gouvernail, grimpent dans la manœuvre,
Et luttent les derniers debout, droits et vaillants !

Capitaine fervent ! ô découvreur ! ô maître !
Si dans cet ouragan tu venais à paraître,
Si, de l'horizon noir pénétrant les secrets,
Tu venais te mêler encor parmi les hommes,
Souriant de mépris aux périls où nous sommes,
Et raillant nos effrois insensés, tu dirais :

« Debout, les matelots ! Espérance ! énergie !
« Secouez vos torpeurs et montez en vigie ;
« Gravissez les haubans jusqu'au sommet des mâts ;
« Ne vous arrêtez pas : plus haut, plus haut encore ;
« Sans repos et sans fin regardez vers l'aurore,
« Le pays radieux que l'on cherche est là-bas !

« Elle est là-bas, au loin, cette terre voilée ;
« Elle se montrera quand la brume envolée
« Aura fait la mer calme et rendu le ciel pur ;
« Vous la verrez alors rayonnante et splendide,
« Mirant ses sables blonds dans l'océan limpide,
« Couchée à l'horizon sous l'immuable azur.

« Qu'importe l'ouragan ! qu'importe le tonnerre !
« Qu'importent les lourdeurs qui chargent l'atmosphère !
« Agrandissez vos cœurs et croyez au ciel bleu !
« L'imprescriptible espoir qui bat dans vos poitrines,
« Et qui vous a poussés sur les vagues marines,
« Est, n'en doutez jamais, la promesse de Dieu !

« Vous reniez déjà l'essor de vos pensées,
« Vous jetez à l'oubli les fatigues passées,
« Les rêves du départ, le chemin parcouru,
« Et parce qu'un ciel noir a caché la lumière,
« Vous vous tordez les mains, vous tombez en prière,
« Et croyez qu'à jamais le jour a disparu.

« Mais ne sentez-vous pas glisser sous les nuages
« Les parfums enivrants arrachés aux rivages,
« Et parmi les oiseaux, précurseurs de la mort,
« Qui volent près de vous avec un grand bruit d'aile,
« N'avez-vous donc pas vu la paisible hirondelle
« Qui chante à la tempête et qui connaît le port?

« Si vous êtes maudits et si, comme Moïse,
« Vous ne pouvez entrer dans la terre promise ;
« Si Dieu d'un sceau fatal a marqué votre front,
« Si vous devez toujours, allant de grève en grève,
« Quêter la terre en vain et ne la voir qu'en rêve,
« Et bien ! qu'importe encor, vos fils y toucheront !

« Ils iront prosternés, abordant à la plage
« Que vous aurez cherchée avec tant de courage,
« Parmi tant de dangers et tant d'énervements,
« Et bénissant le nom des glorieux ancêtres,
« Sur les sables heureux ils marcheront en maîtres
« Et planteront leur tente aux rivages charmants !

« Et puis ils bâtiront, dans la cité nouvelle,
« Le temple merveilleux de la paix éternelle,
« Le temple aux grands piliers d'amour et de bonheur
« Que vous avez un jour entrevu dans un songe,
« Que les lâches tremblants ont traité de mensonge,
« Et que pour vos enfants réservait le Seigneur ! »

Avril 1855.

III

TOMBEAUX GRECS

> Rien dans le monde moral n'est perdu, comme dans le monde matériel rien n'est anéanti. Toutes nos pensées et tous nos sentiments ne sont ici-bas que le commencement de sentiments et de pensées qui seront achevés ailleurs.
>
> J. Joubert.

I

A côté des lauriers aux fleurs toujours écloses
Qui font à l'Eurotas des berges toutes roses,
   A Delphes qu'on nomme Castri,
A Patras la sanglante, où, sublime rebelle,
Germanos bénissant une Grèce nouvelle,
   Libre, poussa son premier cri !

Près des temples sacrés dispersés dans Athènes,
A côté de ce Pnyx où parlait Démosthènes,
    Sur le mont de Philoppapus,
Sur les larges rochers de la blanche Acropole
Que l'art a couronnés de sa grande auréole,
    Sur les rives de l'Illyssus ;

Près des antres fameux d'où sortaient les oracles,
Dans les champs où saint Paul accomplit ses miracles
    En expliquant les mots divins ;
Dans les bois, dans les prés, sur les grèves désertes,
Sur les monts frissonnant de chevelures vertes ;
    Près des lacs et près des ravins ;

En Grèce, enfin, partout, j'ai vu des tombeaux vides
Ouvrir sinistrement leurs mâchoires avides
    Qui n'ont plus rien à dévorer ;
Le vent a dès longtemps balayé leur poussière,
Et jusqu'aux profondeurs de leurs couches de pierre
    Le soleil vient les éclairer.

Ils sont là, dédaignés, dispersés sur les routes,
Sans couvercles d'airain, sans portes et sans voûtes,
  Effondrés, verdis d'arbrisseaux,
Comme pour affirmer que les morts que l'on pleure,
Loin d'y jamais trouver d'éternelle demeure,
  Ne restent pas dans les tombeaux.

Bien souvent, voyageur enclin aux rêveries,
Suivant par l'univers mes étapes chéries,
  Amoureux de toute beauté,
En voyant sur le bord d'un chemin solitaire
Ces tombeaux découvrir leur vaste baie austère,
  Pensif, je me suis arrêté !

Alors je descendais du cheval plein d'audace
Qui gravissait les monts sans y laisser de trace,
  Et jetant la bride à son cou,
Pendant qu'il s'en allait penché vers l'herbe verte,
Je m'asseyais tout seul près d'une tombe ouverte,
  Regardant jusqu'au fond du trou !

Nul mot à déchiffrer, nul reste, nul vestige ;
Seuls, des rosiers rampants allongés sur leur tige
    S'accrochaient aux tombeaux béants,
Dont la forme profonde et la large ouverture
Semblaient faites souvent pour l'énorme stature
    Des demi-dieux ou des géants.

Le cœur appesanti d'une vague indolence,
Je restais accoudé, contemplant en silence
    Le sépulcre morne et discret,
L'interrogeant en vain, soulevant chaque pierre,
A le fouiller des yeux fatiguant ma paupière
    Sans lui dérober son secret.

Il demeurait fidèle à garder son mystère.
Souvent, en parcourant ce caveau solitaire,
    Ces murs implacables et nus,
Muets ainsi que ceux des vieilles catacombes,
Je me suis demandé : Les morts de tant de tombes,
    Hélas ! que sont-ils devenus?

II

Ce qu'ils sont devenus, les morts de tant de tombes ?
Ils ne sont pas restés dans un sépulcre vain ;
Ils se sont envolés ainsi que des colombes,
Emportés sous le ciel par un souffle divin !

Rien ne meurt, tout revit ; les âmes éternelles,
Ayant toujours été, seront aussi toujours ;
La mort est un relais plein de forces nouvelles
Où l'on s'arrête avant de vivre d'autres jours !

Tous ces morts endormis dans les tombeaux de Grèce,
Dont on cherche aujourd'hui la trace vainement,
Ils ont été donner leur force et leur sagesse
    Aux peuples en enfantement.

Dans l'univers entier ils ont été répandre
Leur science du vrai, leur amour, leurs vertus ;
Ils ont soufflé les feux qui couvaient sous la cendre,
Ils ont crié : Debout ! aux hommes abattus.

Incessamment, toujours, sans trêve et sans relâche,
Maîtres du Verbe pur, travailleurs surhumains,
Poursuivant sans pâlir leur radieuse tâche,
Ils ont frappé du pied le sol de tous chemins.

Mourants et renaissants, marchant de monde en monde,
Soutenant dans leurs bras la faible humanité,
Ils ont semé le grain de leur âme féconde
  Sur la terre en stérilité !

Quand la haute parole inflexible, enflammée,
Pleine de mots ardents, doux et victorieux,
Planant sur une foule intrépide et charmée
A soulevé les cœurs vers un but glorieux !

Lorsque l'on exalta l'amour de la patrie,
Quand fut crié ton nom, ô chère liberté !
Quand l'âpre trahison fut battue et flétrie,
Lorsqu'on fit approcher ton règne, ô vérité !

Lorsque l'on flagella l'impure simonie,
Quand sur son piédestal teint de sang s'écroula
L'idole au front étroit qu'on nomme tyrannie,
  C'est Démosthènes qui parla !

Dans ces martyrs pensifs, apôtres et prophètes,
Toujours prêts à lutter, à convaincre, à mourir,
Qui passent sans trembler à travers les tempêtes,
Et qui sont parmi nous pour penser et souffrir ;

Dans tous ces confesseurs de l'éternelle idée
Que connurent les croix, les crocs, les chevalets,
Que poursuivit partout la fureur débordée
Des prêtres du passé, des rois et des valets ;

Dans ceux que l'on poussa vers la mort par centaines,
Dont on brisa la vie en horreur de leur but,
Qui tombaient en faisant des promesses certaines,
    Ce fut Socrate qui mourut !

Par la bouche de ceux qui, vivant dans leur rêve,
Étudiant la loi d'un bonheur entrevu,
Infiltraient dans nos cœurs une nouvelle séve,
Et nous guidaient de loin vers un monde prévu ;

De tous ceux qui, cherchant Dieu dans sa vive essence,
Ont veillé le cœur calme et le front incliné,
Montrant à l'homme pur jusqu'où va sa puissance
Et la route qui mène au but prédestiné !

Par la bouche de ceux qui, fouillant l'âme humaine,
De l'avenir promis ont trouvé le filon,
Qui proclamaient l'amour et renversaient la haine,
    On entendit parler Platon !

Ainsi toujours soufflant les ardeurs de leur âme,
Frappant nos durs échos de leurs hymnes vainqueurs,
Ils ont vaincu la force, et leur cœur plein de flamme
A battu hardiment dans tous les larges cœurs !

Augmentant chaque jour leur sagesse première,
Corrigeant leurs erreurs avec des vérités,
Sur leur antique nuit apportant la lumière,
Allumant leurs flambeaux à toutes les clartés,

Ils ont marché toujours sur la route embellie
Par où le progrès sûr conduit à l'avenir !
Maintenant que pour nous leur tâche est accomplie,
    Ces morts, que vont-ils devenir ?

III

Ce qu'ils vont devenir, les morts de tant de tombes,
Qui se sont envolés, ainsi que des colombes,
    Sur le monde éclairé par eux,
Qui, jetant à tout vent leur féconde semence,
Ont su faire germer dans l'univers immense
    La vertu des cœurs valeureux ?

Ce qu'ils vont devenir ? Dans leur vieille patrie
Que les pachas sanglants avaient en vain flétrie,
    Ils vont maintenant retourner,
Grandis, fortifiés par les ardents voyages
Qu'ils ont, conduits par Dieu, faits à travers les âges
    Pour apprendre et pour enseigner !

Ils vont y rapporter, apôtres pacifiques,
Les préceptes nouveaux et les lois magnifiques
    Par qui le monde doit plus tard
Conquérir des grandeurs depuis longtemps rêvées,
Qu'ils cherchèrent toujours, qu'on a presque trouvées :
    Grandeurs de foi, d'amour et d'art !

Ils vont y rapporter le vaste esprit moderne
Devant lequel, vaincu, le passé se prosterne,
    L'esprit rénovateur et doux
Qui, réunissant tout dans sa large synthèse,
Brise à jamais les fers, et refait la genèse
    Du monde où nous aspirons tous !

Ils iront relever les temples de victoire
Que l'on avait dressés sur les monts pleins de gloire
    A tous les dieux, à tous les noms ;
Du haut du Pnyx antique ils parleront encore
Et feront se lever une nouvelle aurore
    Sur la frise des Parthénons !

Ils iront soutenir d'une main forte et sûre
Ces nations encor faibles de la blessure
    Que leur valut la liberté ;
De leurs paisibles voix calmant les vieilles haines,
Ils apprendront enfin aux familles humaines
    L'universelle charité !

Aux hommes accourus au bruit de leur parole,
Dévoilant les secrets de la loi qui console,
    Espère et soutient, ils diront :
« Ne revenez jamais vers les choses éteintes,
« Laissez le passé mort au fond des tombes saintes ;
    « Vers l'avenir levez le front !

« Ainsi que vos aïeux devenez des ancêtres ;
« De chaque loi nouvelle emparez-vous en maîtres,
    « Pour comprendre et pour affirmer ;
« Laissez siffler en bas les lâches calomnies,
« Et suivez du progrès les routes infinies
    « Que nul ne pourra vous fermer !

« Vous avez le grand bien des peuples qu'on envie,
« La blanche Liberté rayonnante de vie,
  « Au sein vaste à tout contenir ;
« Sachez la féconder par vos efforts sans nombre,
« Et vous verrez alors jaillir du sein de l'ombre
  « Les astres d'or de l'avenir ! »

Ils parleront ainsi, ces morts au doux langage,
Qui portent dans leur cœur les vertus de tout âge ;
  Et, comme un soleil souriant,
Des nuages passés traversant l'ombre épaisse,
Chacun pourra te voir, ô notre mère ! ô Grèce !
  Briller encore à l'orient !

    Juillet 1856.

IV

CECI TUERA CELA!

SONNET

> Dans le peu de séjour que l'on fait ici-bas,
> N'est-on pas enragé de hâter le trépas?
> PIERRE DU CAMP D'ORGAS.

Les échafauds sont hauts !. De longues étincelles
Brillent en jaillissant sur les glaives froissés ;
Les rouges bastions ont de larges fossés ;
Le fusil resplendit aux mains des sentinelles !

Les canons accroupis autour des citadelles
Touchent de leurs affûts les boulets entassés ;
Dans le champ du combat les soldats sont massés ;
Sous le ciel le vautour ouvre ses vastes ailes !

Quel tonnerre forgé par la main des Titans
Pourra briser jamais les canons éclatants,
Les glaives meurtriers allongés sur l'enclume,

Renverser l'échafaud, jeter les tours à bas,
Et combler les fossés abreuvés de combats?
Qui donc tuera la guerre?— Un frêle outil, la plume!

Février 1857.

V

LA FÊTE

> Là l'industrie s'élève jusqu'à la poésie et laisse bien loin derrière elle les inventions mythologiques.
> THÉOPHILE GAUTIER.

I

Dans les quartiers vaillants où le peuple fourmille,
Sur la place où jadis se dressait la Bastille ;
Là même où nos aïeux, pressant leurs cœurs blessés,
Dans un jour de justice ont commencé leur rôle
Et, riant aux canons, ont d'un seul coup d'épaule
    Jeté les tours dans les fossés ;

Sur la place terrible où grondent les colères,
Où s'allument au vent les bûchers populaires
Et dont le souvenir poursuit au loin les rois ;
Sur la place où s'élève, imposante et sereine,
La colonne d'airain dont l'ombre souveraine
Couvre les héros morts en défendant nos lois !

Un jour que je passais, oisif et solitaire,
Tournant dans mon cerveau quelque pensée austère,
Ecoutant vaguement bourdonner sous les cieux
Le murmure qui sort de notre foule active,
Je vis venir de loin une locomotive
   Sur un char aux bruyants essieux !

Dix-huit chevaux hardis, à la croupe splendide,
Au blanc poitrail profond, au pied ferme et rapide,
Traînaient la lourde masse à grands coups de collier ;
On voyait par moment frémir leur peau luisante
Et leurs reins se creuser quand leur tête puissante
Agitait ses grelots sous le fouet du roulier !

Marchant sur les cailloux qu'il réduisait en poudre,
Le char retentissant grondait comme la foudre,
Avec un bruit confus de sourds bourdonnements,
Ebranlant aux maisons les fenêtres fragiles,
Et rayant d'un trait bleu les trottoirs immobiles ;
　　Tout tremblait à ses frôlements !

On s'arrêtait pour voir. Une foule empressée
D'ouvriers attentifs et manche retroussée
Escortaient le colosse et s'en allaient chantants ;
Ils le suivaient, joyeux comme en un jour de fête,
Contemplant, les yeux fiers et levant haut la tête,
Celui qu'avaient forgé leurs marteaux haletants !

Il était éclatant de force grandiose,
Doré sous le soleil d'un large reflet rose
Qui jouait sur son dos moiré par la clarté,
Imposant de grandeur, magnifique de forme,
Immense, vigoureux, noir, invincible, énorme,
　　Plein d'espérance et de beauté !

Avec son ventre creux aux entrailles puissantes,
Que bientôt lécheront les flammes mugissantes,
Avec le cuivre ardent qui brillait sur son frein,
Et les membres de fer de sa vaste armature,
Et sa mâchoire ouverte, et sa haute stature,
On eût dit, à le voir, un Béhémot d'airain !

Au sommet du tuyau des mains intelligentes
Avaient noué des fleurs aux nuances changeantes
Pour orner ce géant de force et de travail ;
Il était pavoisé comme un jeune navire ;
Quand il fut près de moi, sur ses flancs je pus lire
    Ce double nom : Derosne et Cail !

II

O mains par le travail durcies,
Larges épaules, fronts brûlés,
O bras pour frapper centuplés,
Poitrines par le feu noircies !

O labeurs incessants et forts !
Pâle clarté des longues veilles,
O souffle des forges vermeilles !
Soyez bénis de vos efforts !

Soyez bénis ! Dieu vous regarde,
O phalange des travailleurs !
De ceux qui grandiront ailleurs,
Frères ! vous êtes l'avant-garde !
C'est vous qui tracez le chemin
Où, libre enfin de ses entraves,
Et dirigé par les plus braves,
S'avancera le genre humain !

C'est vous qui tuerez le vieux monde
Avec la pioche et le marteau,
Les deux armes du temps nouveau,
Dont toute blessure est féconde !
C'est vous, ouvriers résolus,
Qui romprez enfin les épées
Dans le sang tristement trempées
Pour des mots qu'on ne connaît plus !

C'est vous, debout sur la montagne,
Qui, calmes et le front au vent,
Les yeux vers le soleil levant,
Écoutant chanter la campagne,
En haut des rochers éclatants
Que l'on n'a pas gravis encore,
Crierez : La voici, cette aurore
Qu'on rêve depuis si longtemps !

Marchez ! marchez ! La route est belle,
Et le Seigneur est avec vous !
Marchez ! Qu'importe si les loups
Hurlent dans la forêt rebelle !
A travers le monde aux abois
Votre travail enseigne et prêche,
Et vous nous menez vers la Crèche
Comme les Mages d'autrefois !

Frappez sur l'enclume sonore,
En cadence et retentissants,
A grands coups de vos blocs puissants,
O marteaux que le feu colore !

Soufflez le jour, soufflez la nuit,
Soufflez, haleines embrasées,
Car dans les flammes irisées
Je vois une étoile qui luit !

III

O travailleurs pensifs des usines bruyantes !
Hommes des durs marteaux et des forges brillantes,
O maîtres du métal par vos forces dompté,
Cyclopes surhumains que nul labeur ne glace,
Ouvriers de la vie, ô formidable race !
    Pionniers de l'humanité !

Salamandres vivant de flamme et de fumée,
Vous êtes les soldats de l'invincible armée
Devant laquelle, un jour, tout abus tombera ;
Et l'étendard de paix qu'élèvent vos mains noires
Traversera le monde en gagnant des victoires
Devant qui tout renom d'autrefois pâlira !

Avec ces lourds engins que vous forgez ensemble,
En sueur, les bras nus, sur l'enclume qui tremble,
Vous régnerez plus tard sur le monde exaucé
Bien mieux qu'avec le sceptre et mieux qu'avec le glaive,
Le glaive sombre et rouge, absurde et méchant rêve
    Des adorateurs du passé !

Debout sur le tender de vos locomotives,
Gorgeant de charbon gras leurs mâchoires actives,
Écoutant le sifflet de l'ardente vapeur,
Emporté sous le vent comme dans un nuage,
Devançant dans leur vol l'hirondelle et l'orage,
Accélérant sa course et la guidant sans peur,

L'homme ira bien plus loin, l'homme ira bien plus vite,
L'homme ira bien plus haut sous le ciel sans limite,
Que par les lourds canons qui roulent avec bruit,
Brutalités sans but, instruments imbéciles,
Qui font des champs déserts où s'élevaient les villes,
    Et changent la lumière en nuit !

Votre œuvre, ô travailleurs ! est une œuvre de vie ;
Laissez l'œuvre de mort, sa gloire qu'on envie,
Et ses lauriers fanés tout près de se ternir,
Aux hommes aveuglés par d'étranges chimères
Qui cherchent ici-bas des forces éphémères ;
Ils sont dans le passé ; vous êtes l'avenir !

Vous êtes l'avenir ! *All right !* Ayez courage !
Votre vaisseau sacré ne fera point naufrage ;
Malgré les flots brumeux et le vent qui les tord,
Malgré la faim, le froid, la peur et la souffrance,
Il atteindra, portant la sainte délivrance,
    Le rivage où brille le port !

Aussi lorsque les temps que nous voyons, dans l'ombre,
Apparaître au lointain sous le nuage sombre,
Auront enfin jailli comme une étoile aux cieux,
Quand la Paix et l'Amour, montrant leur cœur immense,
Auront versé sur nous la joie et la clémence,
Et tiendront l'univers embrassé sous leurs yeux ;

Lorsque l'on passera la revue immortelle
Des hardis combattants de la cause éternelle,
Quand, pour écouter Dieu, tous seront à genoux,
Vous verrez le Progrès, le seul grand capitaine,
Qui vous dira, debout sur la terre sereine :

Soldats ! je suis content de vous !

Septembre 1856.

VI

XERCÈS

> La guerre coûte plus que ses frais ; elle coûte ce qu'elle empêche de gagner.
>
> SAY.

Parmi tous ces héros, demi-dieux de l'épée
Qui, dans le sang humain traçant leur épopée,
Sont venus jusqu'à nous, grandis et glorieux,
Apportés sur les bras des ancêtres pieux ;
Parmi tous ces Nemrods et tous ces Alexandres,
Qui prenaient les cités et les changeaient en cendres,
Qui foulaient l'homme aux pieds comme un pâle bétail,
Dont les chevaux avaient du sang jusqu'au poitrail,
Qui n'avaient pour désir, pour espoir et pour rêve
Que le glaive, toujours le glaive, encor le glaive ;

Parmi tous ces fléaux du Dieu vengeur ; parmi
Ces conquérants brutaux qui n'ont jamais dormi
Et qui toujours suivaient leur chemin fanatique,
C'est toi surtout que j'aime, ô roi mélancolique,
Qui, sur tes éléphants traversant le désert,
Attachais des colliers au sycomore vert,
Qui, te croyant divin, voulais charger de chaînes
Les flots noirs souriant à tes colères vaines ;
C'est toi, vêtu de pourpre et la couronne au front,
Levant les yeux au ciel dans un regard profond,
C'est toi, dont se souvient ma mémoire charmée,
O Xercès ! qui pleurais en comptant ton armée !

Avril 1856.

VII

VISION

A ALFRED HÉDOUIN

> Le sort de tout prophète est celui d'Isaïe qui fut scié en deux.
> MICHELET.

> La justice est le pain du peuple, il en est toujours affamé.
> CHATEAUBRIAND.

I

Je dormais.

Dans mon rêve, il me semblait que Dieu
Descendu sur la terre et siégeant au saint lieu
Où devra s'accomplir le jugement suprême,
Prononçait aujourd'hui sur l'humanité blême
L'arrêt qui doit plus tard, quand le monde trop vieux
Dans l'éternelle nuit aura fermé ses yeux,
Récompenser le bon, châtier le coupable,
Et tenir pour chacun la balance équitable.

Tous les morts s'avançaient, sentant sous leurs os durs
Remuer les forfaits et les crimes impurs
Qui, cachés autrefois ou célébrés peut-être,
Renaissaient maintenant pour torturer leur être
Et murmurer tout bas et formidablement :
« Homme ! l'heure a sonné, voici le châtiment ! »
Ainsi que des moutons, quand le chien les ramène
Mordant leur jarret grêle et déchirant leur laine,
Courent en se tassant et bêlent tristement,
Ils se pressaient d'effroi sous le noir firmament,
Priant, criant, pleurant, fuyant devant les anges
Dont la main rassemblait leurs immenses phalanges !
Quand tout fut réuni, lorsque le Juif errant
Fut venu le dernier, seul joyeux et courant,
A la fin délivré de son âpre souffrance ;
Lorsque devant les pieds du trône d'espérance
L'humanité pensive eut prosterné son front,
Un ange s'écria : « Ceux-là s'avanceront
Qui veulent accuser ! »

                Aux mots qui retentirent
La foule s'agita ; quatre femmes sortirent

Hardiment, d'un seul pas, du fond des rangs pressés ;
Vers le trône éclatant leurs yeux étaient dressés ;
Elles chantaient tout bas une plainte confuse
Et d'une même voix s'écrièrent :

« J'accuse ! »

II

Deux d'entre elles, marchant avec un lourd effort,
Ainsi que des blessés, s'avancèrent d'abord.
Elles allaient de front, se tenant embrassées,
Et ployaient sous le poids des chaînes enlacées
Qui sonnaient tristement sur leurs membres maigris ;
De durs carcans de fer serraient leurs cous meurtris ;
Le fouet avait marqué ses honteuses morsures
Sur leurs dos inclinés et de larges blessures
Ouvraient sinistrement leurs flancs ensanglantés.
Des pleurs amers brûlaient leurs yeux épouvantés ;
L'une portait au front la chevelure blonde
Et le large regard à la lueur féconde,

Regard plein de hauteur, de tendresse et de feux ;
L'autre était brune et blanche avec de grands yeux bleus.
Malgré leur navrement, sur leur visage austère
On voyait des vigueurs à conquérir la terre !
Vers le trône éternel s'inclinant à la fois,
Elles dirent ainsi, d'une commune voix :

« Le nom que nous portons, c'est Pologne et Hongrie!
« Malgré nos bras brisés et notre main flétrie,
« Malgré les grands sanglots qui sortent de nos seins,
« Un courage indompté vibrait dans nos entrailles,
« Et nous avons souvent, dans nos longues batailles,
    « Fait reculer nos assassins !

« Fortes du droit divin qui nous dit : Soyez libres !
« Méprisant des États les lâches équilibres,
« Nous avons redressé notre front abattu ;
« Brisant nos fers afin d'en forger des épées,
« Avec le lent espoir des haines bien trempées
    « Nous avons fait une vertu !

« Autrefois nous étions de fières amazones,
« Nous avions des soldats, des villes et des trônes,
« Nous avions un drapeau glorieux et puissant ;
« Nos enfants radieux portaient haut leur bannière,
« Et nos chevaux hardis agitaient la crinière
 « Quand ils sentaient l'odeur du sang !

« Chacun nous acclamait, nous que nul ne regarde ;
« Des chrétiens éperdus nous étions l'avant-garde,
« Toujours le casque au front, toujours la lance en main,
« Par les bois, par les rocs, par les monts, par la plaine,
« Nuit et jour, sans repos, nous courions hors d'haleine,
 « Du monde gardant le chemin !

« Des bords du noir Euxin, lorsque les Turcs barbares,
« Drapeaux claquant au vent et sonnant des fanfares,
« Mugissant au lointain comme un volcan qui bout,
« Arrivaient en poussant leurs blancs chevaux numides,
« Quand l'Europe fuyait voilant ses yeux humides,
 « Seules nous étions là debout !

« Nous étions là debout, épouvante et carnage !
« Nos chevaux s'en allaient dans le sang à la nage ;
« Nous frappions ! nous frappions sans pitié, ni merci !
« Et quand on demandait nos noms pendant la fête,
« Nous répondions alors d'une voix de tempête :
     « Jean de Hunyade et Sobieski !

« Les musulmans fuyaient ! L'Europe était sauvée !
« On menaçait de loin la race réprouvée ;
« Quand on parlait de nous, on disait : L'avenir !
« Pour nous on priait Dieu dans tous les sanctuaires,
« Et, les bras étendus du haut des saintes chaires,
     « Les papes daignaient nous bénir !

« Nul ne s'en souvient plus de ces belles victoires !
« Maintenant nous voyons trois grandes aigles noires
« Voltiger près de nous avec des cris vainqueurs,
« Et, comme le vautour qui rongea Prométhée,
« S'abattre sur nos flancs d'une aile ensanglantée,
     « Afin de dévorer nos cœurs !

« Nos bras se sont lassés à briser des entraves,
« Par nous chacun fut libre, et nous sommes esclaves,
« Ceux qui par nous vivaient se sont rués sur nous,
« Et des hommes auxquels toute vie est prospère,
« Se disant empereurs par votre grâce, ô Père,
 « Sur nos têtes ont les genoux !

« Parfois, lorsque la nuit sur nous étend ses ombres,
« Nous entendons voler au loin les corbeaux sombres,
« Des malheurs attendus sinistres précurseurs,
« Ils disent : As-tu vu ces cadavres livides
« Avec le sein ouvert et les orbites vides ?
 « Ce sont les enfants des deux sœurs !

« Les rois se sont ligués pour nous jeter au gouffre;
« Sans écouter ce qui sanglote et ce qui souffre,
« Unissant contre nous leurs glaives menaçants,
« Pour nos enfants pâlis renouvelant Hérode,
« Ils refont chaque jour, comme un saint épisode,
 « Le massacre des Innocents !

« Ceux qui ne sont pas morts dans nos luttes sacrées,
« Le front haut, à travers les hordes exécrées,
« Ceux-là sont en exil, errant sans feu ni lieu,
« Mangeant le pain amer, cherchant une patrie,
« Montrant leur cœur en deuil et leur âme flétrie
    « A votre justice, ô mon Dieu !

« Mais l'Europe entendit nos clameurs douloureuses,
« Elle nous vit passer sur ses routes poudreuses...
« L'Europe a regardé ! Les chrétiens n'ont rien dit !
« On a fermé l'oreille à nos grandes misères,
« Et l'on s'est éloigné sans lever les paupières,
    « Comme on s'éloigne d'un maudit !

« Héroïques jadis et maintenant victimes,
« On nous laissa rouler jusqu'au fond des abîmes,
« On étendit sur nous le linceul de l'oubli,
« Nulle loyale main vers nous ne fut tendue,
« Notre plainte sans fin ne fut pas entendue,
    « Et notre sort fut accompli !

« Au nom du Dieu vengeur dont nous voyons la face,
« Au nom du dernier jour qui nous ouvre l'espace,
« Au nom de notre gloire, au nom de nos douleurs,
« Au nom des fers pesants qui chargent nos épaules,
« Au nom des jours passés à gémir dans les geôles
 « Pleines de torture et de pleurs!

« Au nom du droit des gens, au nom de nos mémoires,
« Au nom de ces chrétiens sauvés par nos victoires,
« Au nom de nos enfants morts pour la liberté,
« Au nom de l'avenir, notre immortel refuge,
« Aujourd'hui, devant Dieu qui nous voit et nous juge,
 « Nous accusons l'Humanité! »

III

Les deux sanglantes sœurs rentrèrent dans la foule
Qui remuait au loin avec un bruit de houle.
Une autre femme alors, au pas rapide et sûr,
Apparaît dans les plis d'un long manteau d'azur;
D'une main elle tient une croix de sang teinte,
Et de l'autre un flambeau dont la flamme est éteinte;

Une tiare ouverte élève sur son front'
Ses trois couronnes d'or et son triple fleuron ;
Brune avec des yeux noirs, grande, pensive et belle,
Montrant sous sa paupière une lueur rebelle,
Au Maître souverain du dernier jugement,
En ployant les genoux elle dit lentement :

« Vous connaissez mon nom, je m'appelle Italie !
« Mon âme est épuisée et ma face est pâlie,
  « Car je souffre depuis longtemps ;
« Par l'univers ingrat je suis abandonnée,
« Et je sens s'affaiblir, dans ma tête inclinée,
  « Mes vastes rêves éclatants !

« On m'a tout dénié ! tout, jusqu'à l'espérance !
« Comme un soldat vaincu je vis dans ma souffrance,
  « Traînant mes chaînes après moi,
« Les yeux toujours levés vers l'avenir sans borne,
« Et retombant, hélas ! froide, muette et morne,
  « Dans mon deuil et dans mon effroi !

« Ah ! le monde pour moi fut méchant, vil et lâche !
« J'étais seule, affaiblie et luttant sans relâche
  « Contre ces bandits affamés
» Qui descendaient du Nord en cherchant leur pâture,
« Et qui, par leur chemin, me trouvant d'aventure,
  « Sur moi se jetaient tout armés !

« De lourds et durs Germains m'ont prise et violée,
« Ainsi qu'une Thamar sur la route exilée,
  « Ils ont montré mes flancs à nu ;
« Ils ont, à poing fermé, souffleté mon visage ;
« Ils ont mis ma beauté, que leur présence outrage,
  « A l'encan du premier venu !

« Hélas ! le sort fut sourd à mes plaintes sans nombre !
« Je fus honteusement, seule et pleurant dans l'ombre,
  « En proie aux baisers des maudits ;
« L'un après l'autre, ils ont tous dénoué ma robe,
« Cherchant au fond du cœur ce que ma foi dérobe
  « D'espoirs sans cesse plus hardis !

« Ils m'ont mise vivante au fond des sépultures,
« Ils ont eu des bûchers, des poisons, des tortures,
    « Des cachots, des plombs et des puits;
« Les soldats m'ont frappée et les moines vendue !
« A genoux, corde aux pieds, fers aux mains, éperdue,
    « J'ai pleuré les jours et les nuits !

« Mais nul ne répondait; on riait à m'entendre;
« Dans ma prison sans air, n'ayant plus qu'à m'étendre,
    « Seigneur, je vous montrais mes maux,
« Et j'écoutais de loin passer sous les murailles,
« Avec un bruit confus de cris et de batailles,
    « Des piétinements de chevaux !

« Parfois, quand lasse enfin de souffrir tant d'injures,
« Quand d'une main blessée effaçant mes souillures,
    « Je me levais la rage au front,
« Lorsque je demandais d'une voix raffermie
« Tout le sang abhorré de la race ennemie,
    « Afin d'y laver mon affront !

« Lorsque je réclamais ma liberté ravie
« Et le droit éternel de marcher dans la vie
   « Sans corde au cou, sans fers aux mains,
« Et de vivre en repos sous ma chaste lumière,
« Comme le peut, hélas ! auprès de sa chaumière
   « Le chevrier des Apennins !

« Alors c'étaient des cris, des fureurs, des tonnerres ;
« On faisait accourir des bandes mercenaires,
   « Moitié brigands, moitié soldats ;
« Tous sur moi se ruaient, comme un flot, pêle-mêle ;
« De leurs chaînes de plomb ils attachaient mon aile,
   Et d'un seul coup brisaient mes bras !

« Et je recommençais mon angoisse éternelle,
« Rappelant mes enfants de ma voix maternelle,
   « Leur disant : Mes fils, taisez-vous !
« Si les méchants encore entendent vos murmures,
« Vous serez dévorés, pendant les nuits obscures,
   « Comme des agneaux par les loups !

« Le monde regardait de loin et laissait faire !
« Nulle voix n'arriva qui me criait : Espère !
   « Pour moi tout demeura muet !
« Avec mes fils sanglants, nous pleurions en silence,
« Cachant à tous les yeux, devant la violence,
   « Ce qui dans nos cœurs remuait !

« Pourtant j'étais la foi, l'art et la poésie !
« Par le Dieu prévoyant j'avais été choisie
   « Pour enseigner au genre humain
« Les splendeurs de la forme et les grandeurs du rêve
« Qui, parti d'ici-bas, jusqu'au ciel bleu s'élève
   « Par un magnifique chemin !

« A la main je tenais la clarté souriante,
« Vers qui tout esprit pur se tourne et s'oriente,
   « Le flambeau de l'art tout-puissant,
« Flambeau dont le rayon illumine chaque âme,
« Aujourd'hui, vainement, j'en chercherais la flamme,
   « Elle s'est éteinte en mon sang !

« Quand tout dormait encor dans les ombres païennes,
« La première j'ai dit des paroles chrétiennes,
    « La première j'ai pris la croix ;
« Sur cette croix divine, hélas ! on m'a clouée :
« Voici mes pieds meurtris, voici ma main trouée,
    « Et voici mon sang sur le bois !

« Mes enfants, les voici ! cœur d'airain, âme ardente :
« Raphaël, Véronèse, et Michel-Ange, et Dante,
    « Et l'Arioste, et Léonard,
« Galilée, Orcagna, Tasso, Savonarole !
« Les maîtres du pinceau, les rois de la parole,
    « Demi-dieux du verbe et de l'art !

« Eh bien ! c'est en leurs noms inscrits dans mon histoire,
« Au nom du monde entier dont ils furent la gloire,
    « C'est au nom de l'art solennel,
« C'est au nom des tribuns, des penseurs et des femmes,
« Au nom du beau sacré qui vibre dans les âmes,
    « Au nom de l'azur éternel,

« C'est au nom de la foi que j'ai donnée au monde,
« Au nom des doux martyrs dans leur tombe profonde,
  « C'est au nom de la vérité
« Qu'au jour du jugement, lasse de sacrifice,
« Devant le Seigneur Dieu, maître de la justice,
  « J'accuse ici l'Humanité ! »

IV

La dernière parut. Sur son front haut et blême
S'élevaient les débris d'un large diadème,
Diadème sacré qu'avaient forgé les dieux.
Une longue douleur éclatait dans ses yeux ;
Un dur croissant de fer étalait son empreinte
Sur un de ses bras nus ; sur l'autre, une croix sainte
Rayonnait blanche et bleue auprès d'un rameau vert.
Son ample robe antique à son sein découvert
Se nouait par le lin des pures bandelettes ;
A son cou radieux s'attachaient des tablettes
Où se lisait le nom des sages d'autrefois ;
Vers le Dieu de clémence elle éleva la voix :

« Mon nom est le plus grand de tous : Je suis la Grèce !
« Je ne puis respirer sous le poids qui m'oppresse ;
« Pour moi l'on a donné des soldats et de l'or ;
« Mais on n'a pas rendu leur ancienne patrie
« A mes fils, dont se plaint l'âme toujours meurtrie ;
   « Non, je ne suis pas libre encor !

« La moitié de mon être est en proie aux barbares ;
« A toute heure j'entends leurs sinistres fanfares
   « Résonner pendant mon sommeil !
« J'entends les chants heurtés des derviches immondes,
« Et je vois approcher les bandes vagabondes
« Qui viennent se chauffer à mon large soleil !

« Le monde fut ingrat ! le monde fut injuste !
« On a couché mon corps sur le lit de Procuste,
« Et le couteau jaloux des rois le morcela ;
« Et je traîne à cette heure, hésitante et boiteuse,
« D'un forçat évadé l'existence douteuse,
   « Par ici libre, esclave là !

« En vain, autour de moi, je tourne mes yeux caves,
« Je cherche des enfants et je vois des esclaves ;
  « Voici Lemno, voici Samos !
« Et Scio la sanglante, et Rhodes, et Candie,
« Et Chypre au vin vermeil, et Psara la hardie,
« Et Tenedos l'antique, et la verte Lesbos !

« Pourtant dans mon grand jour elles se sont levées ;
« Mais toutes les splendeurs que nous avions rêvées
« Ont fui depuis longtemps en se cachant d'effroi ;
« Qu'aurais-je donc pu faire, ouverte et mutilée ?
« Ma famille chérie est encore exilée,
  « Et l'Olympe n'est pas à moi !

« Le domaine où je vis est-ce donc un royaume ?
« On laisse aux mécréants échappés de Sodome
  « La terre où mon sang a coulé ;
« On oublie en riant mes efforts et mes luttes ;
« Mes temples sont détruits, on a brûlé mes huttes,
« Et le fer est encor dans mon cœur accablé.

« Dans le lit des pachas poussée avec injures,
« J'ai servi la débauche et d'horribles luxures,
« Par les cheveux traînée, évanouie, en pleurs !
« Et quand je me dressais, effroyable, hagarde,
« Je sentais dans mon sein entrer jusqu'à la garde
  « Le noir poignard des égorgeurs !

« Ils marchaient en tyrans sur mes terres conquises ;
« Ils renversaient mon culte et brûlaient mes églises,
  « Tuant le prêtre sur l'autel,
« Et dans les lieux sacrés, où montaient mes prières,
« Pour leurs chevaux impurs ils jetaient des litières,
« Et dans mes vases saints ils buvaient l'hydromel !

« Mon cœur était frappé comme un fer sur l'enclume;
« Ma lèvre a pour toujours conservé l'amertume
« Des calices de sang qu'incessamment j'ai bus !
« Je suis dans Israël la femme du lévite,
« Mais je n'ai vu jamais, outragée et maudite,
  « Se lever les douze tribus !

« Pourtant au monde entier j'ai donné la sagesse ;
« Comme une mère, ouvrant mes mains avec largesse,
   « J'en ai laissé tomber pour tous
« De si hautes vertus et de si grands exemples,
« Que l'univers ravi, courbé devant mes temples,
« Ne prononçait mon nom que front bas, à genoux.

« Je me suis demandé bien souvent, dans mes larmes,
« Écoutant près de moi sonner le bruit des armes,
   « Par quel sombre décret de la fatalité
« Elles ont tant souffert, surtout, plus que toute autre,
« Celles qui, parmi nous, levant un front d'apôtre,
   « Ont agrandi l'Humanité ?

« Je vois l'Inde aux cent bras, que l'Anglais roux pressure,
« Gémir en étanchant le sang de sa blessure,
   « Et, près de ses fleuves sacrés,
« Oublier son savoir, son culte, son génie,
« Et fermer ses doux yeux dans la longue agonie
« Où meurent en priant ses enfants éplorés.

« Sur la berge du Nil dans les palmiers sertie,
« Je vois la vieille Égypte immobile, abrutie,
« Serrer son sphinx muet dans ses bras décharnés ;
« Les mécréants se sont aussi vautrés sur elle ;
« Son Uræus est mort, l'épervier n'a plus d'aile,
  « Et ses bleus lotus sont fanés !

« Eh bien ! au nom de tout ce qui souffre sur terre,
« De tout ce que le monde a laissé solitaire
  « Lutter contre l'oppression ;
« Au nom du Christ mourant dont nous sommes l'emblème,
« Au nom des fers aigus qui serrent ma main blême,
« Au nom de la vertu de toute nation !

« Au nom des dieux passés, au nom de mes sept sages,
« Au nom de mes splendeurs éblouissant les âges,
« Au nom des grands efforts de ma maternité,
« Au nom de l'univers qui but à mes mamelles,
« Devant le trône d'or des vertus éternelles,
  « J'accuse aussi l'Humanité ! »

V

Les derniers mots vibraient encore à mon oreille,
Des sanglots dans les airs répondaient aux sanglots,
Et j'entendais gronder une rumeur pareille
Au bruit d'un ouragan qui flagelle les flots.

Tout disparut ! Mon rêve, emporté dans l'espace,
Entraîna dans son vol les anges, les humains
Et le trône immuable, et je vis à leur place
Les quatre sœurs pleurant la tête dans leurs mains !

Le voile de la nuit, plein de tristesse et d'ombre,
Couvrait comme un linceul le pays désolé ;
Le deuil planait sur moi ; tout était froid et sombre ;
Des chouettes criaient sous le ciel aveuglé.

Tout à coup dans la nuit noire je vis paraître
Deux anges lumineux, valeureux et charmants ;
Une beauté divine éblouissait leur être ;
Ensemble ils s'avançaient pleins de rayonnements.

Ils étaient couronnés de larges palmes vertes ;
Un nuage portait leurs pas silencieux ;
Un feu pur éclairait leurs paupières ouvertes ;
Une étoile brillait à leur front radieux.

Ils étaient beaux et forts, éclatants, intrépides ;
A la main ils tenaient un glaive flamboyant,
Ils échangeaient tout bas des paroles rapides
Et jetaient sur la terre un regard foudroyant !

Ils vinrent à grands pas vers les sœurs prosternées,
En murmurant des mots que je n'entendais pas ;
Puis ils prirent leurs mains dans le fer enchaînées,
Et le fer aussitôt se rompit sur leurs bras.

Et puis ils leur montraient, sous les voûtes funèbres,
Un astre qui brillait d'un éclat merveilleux,
Il roulait comme un char à travers les ténèbres
Et traçait dans les airs son chemin glorieux :

De leurs yeux agrandis, les quatre sœurs sanglantes
Contemplaient l'astre ardent dans le ciel éclairci,
Et relevant le front, debout, pâles, tremblantes,
Aux anges précurseurs elles dirent ainsi :

« Mais qui donc êtes-vous, frères de délivrance,
« Qui venez nous montrer notre avenir du doigt ? »
Le premier dit alors : « Je m'appelle Espérance ! »
Le second répondit : « Je me nomme le Droit ! »

Janvier 1856.

VIII

LES TROIS SŒURS

SONNETS

> Aussitôt qu'une pensée vraie est entrée dans notre esprit, elle jette une lumière qui nous fait voir une foule d'autres objets que nous n'apercevions pas auparavant.
>
> CHATEAUBRIAND.

I

Trois femmes autrefois sur l'Olympe de Grèce,
Filles de Jupiter, suivantes de Vénus,
Montraient à tous les dieux leurs charmes ingénus
Et les éblouissaient de leur belle jeunesse;

Quand les Muses dansaient aux rives du Permesse,
Quand Mercure tentait des chemins inconnus,
Elles accompagnaient les neuf sœurs aux seins nus
Et le dieu voyageur qui parle avec adresse.

Les peuples prosternés brûlaient le pur encens
Au son des lyres d'or qui mêlaient leurs accents
En jetant leurs doux noms à travers les espaces ;

Les artistes pensifs redoublaient leurs efforts
Pour les mieux célébrer ; on les nommait alors :
Euphrosine, Aglaé, Thalia, les trois Grâces !

II

Près de l'Agneau dont le sang a coulé,
Au ciel chrétien, trois femmes sont assises ;
Leur œil brillant de lueurs indécises
Par le pardon et l'amour est voilé ;

Leur chant plus clair que l'éther introublé,
Plus parfumé que l'haleine des brises,
Répète au loin des paroles exquises
En exaltant le trône constellé ;

Large est leur cœur et sublime est leur âme ;
Vers leur séjour nos longs regards levés
Semblent prier pour nos bonheurs rêvés ;

Leurs noms charmants, doux comme le cinname,
Sont les piliers de la nouvelle loi :
La Charité, l'Espérance et la Foi !

III

Trois femmes au visage austère
Du haut du ciel un jour viendront ;
Ouvrant les bras, levant le front,
Elles briseront tout mystère ;

A leur voix forte et salutaire,
Les haines en vain siffleront ;
Bravant mépris, colère, affront,
Elles régneront sur la terre !

Redressant les plus abattus,
Semant à tout vent leurs vertus,
Elles jetteront sur le monde

Les devoirs de la paix féconde ;
On les nommera : Liberté,
Égalité, Fraternité !

Octobre 1856.

IX

PUERO REVERENTIA

> Les anciens étaient des gens de science et de philosophie, soit, je veux l'admettre; mais, à l'avantage des modernes, je dirai avec Didacius Stella : Un nain sur les épaules d'un géant, voit plus loin que le géant lui-même !
>
> BURTON.

O vieillards ! vous blâmez souvent les jeunes hommes,
Vous dites :

« Ils sont fous ! Ils n'ont ni Dieu ni loi !
« Ils ne savent donc pas que le siècle où nous sommes
« Est un siècle mauvais qui raille toute foi,
« Et qui s'en va cherchant, par les routes impies,
« Des systèmes bavards, d'absurdes utopies

« Dont on eût fait justice autrefois, sans broncher,
« Et qu'en haut d'un gibet on eût fait accrocher !
« Jadis, de notre temps, on avait la Bastille,
« On vous y conduisait tout doucement la nuit,
« C'était commode et sûr et se faisait sans bruit,
« Cela sauvegardait l'honneur de la famille,
« Et le jeune homme ardent, après un mois ou deux,
« En sortait fort calmé, doux et respectueux.
« Ah ! c'était le bon temps ; on écoutait son père ;
« On allait dans le monde, où l'on cherchait à plaire ;
« On se faisait alors un honneur d'escorter
« Un seigneur bien en cour ; madame la marquise
« Vous donnait quelquefois son carlin à porter,
« Cela vous posait bien ; on allait à l'église,
« On n'écoutait pas trop la messe ou le sermon,
« Mais on pouvait y voir les femmes du bon ton
« Et sur le bout du doigt leur offrir l'eau bénite !
« Lorsque de ses devoirs de monde on était quitte,
« On allait bien un peu parfois au cabaret,
« On prolongeait souvent jusqu'au jour la veillée,
« Perruque de travers et veste débraillée,
« Mais l'on s'amusait fort, et si l'on s'enivrait,

« C'était avec des gens de bonne compagnie,
« D'avenantes façons et de grâce infinie
« Et qui ne fumaient pas. Ah ! le bon temps perdu,
« Les hommes d'aujourd'hui ne nous l'ont pas rendu !
« On n'était pas parfait ; on avait ses querelles,
« Pour un mot, pour un geste on mettait brette au vent,
« On se battait alors pour la gloire et les belles,
« Et l'on ne s'en aimait que d'un cœur plus fervent !
« Nous avions l'air vainqueur, l'œil hardi, la main prompte ;
« On aimait bien le jeu, les filles d'Opéra
« Et les petits soupers et les *et cœtera ;*
« Mais on était soumis, malgré ces peccadilles,
« On ne dénigrait pas les choses du passé,
« A côté de son père on allait front baissé,
« Et l'on conservait pur, dans toutes les familles,
« L'exemple des aïeux transmis avec respect,
« Comme un écho lointain d'un temps moins imparfait.
« Nous admirions toujours ce qu'admiraient nos pères,
« Et la tradition des chefs-d'œuvre prospères
« S'augmentait chaque jour au lieu de s'altérer ;
« Cela nous suffisait et nous restions sur terre ;
« Nous attendions le mal au lieu de l'attirer

« En voulant découvrir la loi de tout mystère !
« A quoi bon ce besoin de voir dans l'avenir ?
« C'est vers les temps passés qu'il nous faut revenir ;
« C'est là qu'est le devoir où la raison nous rive ;
« C'est là qu'est le salut ! c'est vers ce port lointain
« Qu'il nous faut diriger le navire incertain
« Qui depuis si longtemps nous emporte en dérive !
« Autrefois nous n'avions qu'un mot de ralliment :
« Imiter les aïeux imperturbablement !

« Mais maintenant, hélas ! dans ces jours de tempêtes,
« Que voyons-nous autour de nous ? De jeunes têtes
« Sans cheveux blancs, sans ride et sans sagesse au front,
« Décider lestement, près de nous qu'on oublie,
« Des problèmes nouveaux qui sont comme un affront
« Pour les grands souvenirs dont notre âme est remplie !
« C'est le monde à l'envers, et tous ces jeunes gens
« Ne sont vraiment pas faits pour nous rendre indulgents ;
« Nulle foi ne les tient, nul respect ne les touche ;
« Ils vont le nez au vent et la pipe à la bouche,
« Peignant d'un doigt distrait leur barbe de sapeur,

« Se bernant de vains mots, de sottes espérances,
« Et jettent des défis à toutes nos croyances
« Sans même se douter qu'ils font dégoût et peur !
« Cela ne peut durer ; la jeunesse avilie
« Un jour repoussera cette impure folie ?
« Tous ces jeunes gens-là sont pris de vertigo ;
« Quand on leur dit : Boufflers, ils répondent : Hugo !
« Ils parlent de Danton sans frémir d'épouvante
« Et ne s'indignent pas au nom des Jacobins !
« Ils sont le parangon ! Ils sont la loi vivante !
« Parce qu'ils ont un peu pâli sur leurs bouquins,
« Qu'ils savent de grands mots et des billevesées
« Dont ils battent sans fin nos oreilles blasées,
« Ils s'arrogent le droit de parler mal de tout,
« Et de croire qu'eux seuls doivent être debout !
« C'est insensé, vraiment ! Cette époque est maudite !
« Rien ne peut ramener ces esprits turbulents
« Qui poussent sans pitié tous les étais tremblants
« Où la société penche et se précipite !
« Lorsque nous leur parlons de ce monde élégant
« Qui s'exila, revint et repartit pour Gand,
« De Coigny, de Lauzun, du roi, du droit d'aînesse,

« De tous les grands éclats qu'avait notre jeunesse,
« Nous les voyons sourire avec un air moqueur
« En soulevant l'épaule ; et, s'ils daignent répondre,
« C'est pour nous raconter cet avenir vainqueur
« Dans lequel on verra les vertus se confondre ;
« C'est pour parler encor d'absurde Liberté,
« Et d'Égalité folle et de Fraternité,
« Un tas de mots méchants, moins sonores que vides,
« Qu'ils jettent en pâture aux idiots avides !
« Le temps renversera ces rêves triomphants !
« Tout s'en va ! Tout s'en va ! La terrible coignée
« A jusqu'au fond du cœur atteint notre lignée,
« Et nous parlons en vain à nos petits-enfants ! »

Vieillards ! Vous avez tort ! Laissez les jeunes têtes
Dédaigner les leçons qu'en grondant vous leur faites,
Laissez-les s'en aller, sur l'aile de l'espoir,
Vers les pays promis que vous ne pouvez voir ;
Laissez les jeunes gens tout bouillonnants de séve
Regarder ardemment les choses à venir ;

Comme vous autrefois, ils ont aussi leur rêve;
Vous êtes le passé, vivez de souvenir,
Mais laissez-les au moins se nourrir d'espérance !
Vieillards, vous avez tort ! Ayez plus d'indulgence,
Et, malgré le sermon que vous avez prêché,
Sachez comprendre enfin que le temps a marché
Depuis ces bons moments que vous pleurez sans cesse,
Et qu'il serait bien fou, celui qui de nos jours
Vers un siècle écoulé se tournerait toujours
Afin d'y retrouver la force et la jeunesse.
En avant ! en avant ! C'est le cri d'aujourd'hui,
Et le passé s'éteint quand l'avenir a lui !

Ces jeunes gens hardis dont le ton vous irrite,
Et qu'accable un dédain que rien ne leur mérite,
Vous laissent raconter votre récit banal
Et cherchent à tâtons la nouvelle légende :
Maxima debetur puero... Juvénal
Commence un vers ainsi que je vous recommande.
Ah ! si vous n'étiez pas à ce point aveuglés,
Que vous ne lisez rien sur leurs fronts étoilés,

Vous ne leur parleriez que pleins de déférence,
Car l'enfant est sacré, puisqu'il est l'espérance !

Je n'ai jamais pu voir un enfant, quel qu'il soit,
Sans penser que par lui Dieu conduirait peut-être
Les hommes vers ce but que l'on cherche à connaître
Et qu'un espoir sacré nous a montré du doigt !
Dans ce bambin morveux que berce sa nourrice,
Qui balbutie encore et pleure à tout caprice ;
Dans ce lycéen pâle aux cheveux embrouillés,
Trop maigre pour remplir ses habits débraillés,
Qui court avec sa corde et lance sa toupie,
Et le soir, au quartier, sous les quinquets cassés,
Ferme sur son travail sa paupière assoupie
Derrière le rempart des livres entassés ;
Dans cet étudiant qui danse à la Chaumière
Je ne sais quelle danse et qui boit de la bière
En jetant aux échos sa verve et sa chanson,
Et qui, traînant son pied mal vêtu d'un chausson,
S'en va suivre au matin les cours de la clinique,

Qui se raille de tout, du grave professeur,
Du malade interdit, du bouillon, de la sœur,
Et répond aux sermons par un geste ironique ;
Dans tous ceux, ô vieillards, que vos esprits grondeurs
Accusent si souvent d'être fous ou frondeurs,
Et que vous poursuivez de vos sourdes colères
En invoquant les us de messieurs vos grands-pères,
Dans tous ces bandits-là, j'ai toujours respecté
L'avenir qui passait près de moi sur la route,
Et qui ferait un pas vers cette vérité
Que nous cherchons en vain sous les brouillards du doute.

Ah ! comme il a raison, le Maître surhumain,
Lorsque le front pensif et penché sur sa main,
Écartant de son bras la foule qui le presse,
Il dit avec des mots plus doux qu'une caresse :
« Laissez venir à moi tous les petits enfants,
« Le royaume des cieux est pour eux ! » Oui, la porte
Qui se ferme pour nous invinciblement forte,
S'ouvrira d'un seul coup sous leurs bras triomphants !

Grandis et radieux, ils marcheront ensemble,
Foulant d'un pied puissant cette terre qui tremble
Sous nos pas, et guidés par la haute raison
Ils atteindront sans peine au bout de l'horizon !

Car ce sont ces enfants qu'on raille et que l'on nie,
Auxquels sans se lasser on répète : Imitez !
Qui, montant d'un degré sur l'échelle infinie,
Montreront à nos yeux les nouvelles clartés ;
Ils iront les chercher hors des routes battues
Où vous avez dressé tant de vieilles statues
A la Tradition, à la Caducité,
Au pâle Effroi, vainqueur de toute vérité !
Là même où d'entre vous on a vu les plus braves
Reculer, le front bas et se voilant les yeux,
Nous verrons les enfants éblouis et joyeux
Passer en souriant à travers les entraves !

Ne raillez plus, vieillards, ils franchiront d'un pas
Les abîmes ouverts que vous n'affrontiez pas ;

Ils s'en iront sans peur et riront aux orages
Où vous n'aperceviez que tourments et naufrages,
Et dans ces feux ardents qui vous ont tant troublés,
Que vous preniez de loin pour un rouge incendie,
Ils reconnaîtront tous la lumière hardie
Du phare qui montrait les horizons voilés.

Alors ils graviront les montagnes robustes
Devant qui reculaient vos courages augustes,
Souriant aux frayeurs dont vos cœurs ont tremblé;
Portant haut, sous le ciel, leur front inébranlé,
Et ne s'arrêtant pas à ces lâches mensonges
Que l'on a tant criés autour de notre effort,
Méprisant vos mépris, vos haines et vos songes,
Sachant qu'il faut la mer à qui cherche le port,
Ils iront convaincus, imposants, magnanimes,
Psalmodiant en chœur les cantiques sublimes,
Soutenant d'un bras fort les plus débilités,
Criant à tout écho les saintes vérités,
Ne reculant jamais, se relayant sans cesse,

Et trouveront enfin, ravi, charmant, en fleur,
Ce monde merveilleux dont vous avez eu peur
Et dont vous détourniez l'inquiète jeunesse !

Au lieu de tant gronder et de vous rembrunir,
Vieillards, découvrez-vous, l'enfant, c'est l'avenir !

Octobre 1856.

X

L'ÉTOILE

—

SONNET

> Debout donc et agissons, le cœur prêt à tout événement, achevant et recommençant toujours, sachons travailler et attendre.
>
> LONGFELLOW.

Quand les Mages joyeux partirent d'Arménie,
Marchant d'un pas pressé vers le pâle Jourdain,
Pour aller adorer, dans sa crèche bénie,
L'enfant en qui devait vivre le genre humain;

Ils portaient des parfums venus d'Abyssinie
Et des couronnes d'or et des vases d'airain,
Et suivaient dans le ciel la lumière infinie
D'un astre voyageur qui montrait le chemin !

Nos mages sont debout! Nous avons le cinname,
Les adorations s'émeuvent dans notre âme,
Nous avons l'or d'Ophir et la couronne aussi ;

Déjà depuis longtemps, au loin, dans son étable,
J'entends l'enfant gémir d'une voix lamentable ;
Où donc est l'astre d'or dans le ciel obscurci ?

Février 1856.

XI

LE COR D'IVOIRE

> La vérité ne se noie jamais; on a beau la plonger, elle surnage, elle revient toujours sur l'eau.
>
> L'Abbé de Saint-Pierre.

I

Le preux Roland, au pied de la montagne
Environné du Maure triomphant,
A grand effort sonnait de l'oliphant
Pour appeler son oncle Charlemagne;
Pâle et sanglant il sonnait coup sur coup;
Le dernier son fit trembler la campagne
Et lui rompit les artères du cou.

Nul ne venait à son appel farouche,
L'écho des monts seul répétait son cri ;
Baignant son corps défaillant et meurtri,
Un sang brûlant s'échappait de sa bouche ;
Autour de lui jetant un long regard,
Il s'affaissait vers sa dernière couche,
Sentant la mort toucher son front hagard !

Puis, s'inclinant sur la terre trempée
Où ruissela tant de sang sarrasin,
Comme un pécheur il se frappait le sein,
Et, terminant sa vaillante épopée,
Il rappelait son obscure raison
Pour embrasser la croix de son épée
En murmurant la dernière oraison !

Dans son grand cœur la mort versait sa glace ;
Luttant en vain, se roidissant encor,
Il se dressa, tenant en main son cor,
Et le lança loin de lui dans l'espace ;

Le cor gémit montant vers le ciel bleu ;
Après avoir suivi des yeux sa trace,
Roland tomba, rendant son âme à Dieu !

II

Est-il perdu le cor d'ivoire,
Qui, pour le jeune paladin
Frappant Arabe et Grenadin,
Sonnait haut pendant la victoire ;
Aux arbres est-il suspendu ?
Est-il caché sous les broussailles ?
Le roc l'a-t-il dans ses entrailles ?
Est-il perdu ?

L'ont-ils trouvé comme un trophée
Pour leurs temples par Dieu maudits,
Ces noirs mécréants enhardis ?
L'oliphant, dit-on, était fée ;

De leurs regards s'est-il sauvé?
Ou quelques vieux sorciers habiles,
En fouillant les buissons mobiles,
L'ont-ils trouvé?

Où donc est-il, le cor magique
Dont nul n'entend plus les concerts?
A-t-il pris le chemin des airs
Comme le cheval d'Angélique?
Flamboyant d'or et de béryl,
Est-il dans la plaine azurée
Une étoile de l'empyrée?
Où donc est-il?

III

Le cor d'ivoire est enfoui sous terre
A l'endroit même où Roland l'a jeté
En invoquant le Dieu de vérité ;

Nul enchanteur, nul sorcier solitaire,
Nul Maghrebin, nul Maure valeureux
N'a pu trouver dans sa retraite austère
Cet oliphant que sonnait l'ancien preux

Un jour viendra, par Dieu fixé d'avance,
Où, scintillant enfin à tous les yeux,
Le cor, brisant l'oubli silencieux
Qui le retient sans écho ni puissance,
Eveillera l'ombre de notre nuit
Et sonnera la grande délivrance
Dont nous cherchons l'écho dans chaque bruit.

L'homme hardi dont la lèvre robuste
S'approchera du cor mystérieux,
Sera choisi, vaillant et glorieux,
Pour mettre à fin notre labeur auguste ;
Il sera fort, inflexible et fervent,
Et, dans son cœur, il saura que le juste
N'hésite pas quand Dieu dit : En avant !

Par le rocher, sur le mont, dans la plaine,
Dans le champ mûr blondi par les moissons,
Au fond du bois égayé de chansons,
Vers l'Océan, près de la cité pleine,
Partout enfin où la voix s'entendra,
Il s'en ira sonnant à perdre haleine,
Et cette fois Charlemagne viendra !

Août 1857.

XII

LA VOIX DES APOTRES

> L'Autorité et la Liberté se disputent le monde ; saint Pierre et saint Paul sont toujours en présence et prêts à combattre ; qui donc mettra d'accord ces apôtres exclusifs!? C'est saint Jean, qui est l'Amour.
> JOHN PARKER.

I.

La ville sanglotait sous d'épaisses ténèbres,
Dans l'air épouvanté passaient des bruits funèbres ;
On avait froid au cœur, tout était pleurs et deuil !
Cela sentait le sang, et des morts sans cercueil
Gisaient, affreux à voir, auprès de ruisseaux rouges.
Dans les quartiers impurs, du fond de sombres bouges,
On entendait sortir des cris et des chansons.
Des hommes se glissant dans l'ombre des maisons

Se hâtaient, le cœur faible et la tête baissée.
A travers les détours de la ville blessée,
On voyait s'avancer, pâles, silencieux,
Des soldats soulevant leurs regards anxieux;
Leurs fusils noirs de poudre avaient des reflets fauves.
Les mères gémissaient dans le fond des alcôves,
Et pleuraient leurs enfants par la mort emportés.
Les bivacs allongeaient leurs mouvantes clartés.
Tout cœur était serré, chaque âme était meurtrie;
La mort semblait planer sur la ville assombrie.

J'étais seul, affaissé, plein d'horreur et d'effroi;
Le chaud parfum du sang était monté vers moi,
Et, respirant l'odeur des sinistres batailles,
Je me sentais navré jusqu'au fond des entrailles,
Et je disais tout bas, écrasé sous le faix :
Pourquoi Dieu permet-il de semblables forfaits?

Tout à coup j'entendis une voix implacable,
Éveillant dans la nuit un écho formidable,
Elle retentissait sous le ciel obscurci
Comme un coup de tonnerre et s'écriait ainsi :

« Merci! votre œuvre est bonne, ô faiseurs d'hécatombes !
« La bataille est finie ; allez creuser les tombes
« Pour y précipiter ces morts encore chauds !
» Vous avez accompli votre tâche féconde,
« Et vous avez enfin fait avouer au monde
   « Que par-dessus tous je prévaux !

« Malgré votre valeur, si la cité rebelle
« De l'incendie éteint ravivait l'étincelle,
« Si ces hommes impurs, ces bandits et ces chiens,
« Ressaisissaient le glaive et rallumaient les flammes,
   « Tuez enfants, vieillards et femmes !
« Tuez tout ! Le Seigneur reconnaîtra les siens !

« Lorsque j'ai dit : Je veux ! on doit fléchir la tête !
« Mon souffle est plus puissant qu'un souffle de tempête ;
« Il renverse, il abat, il brise, il courbe, il rompt ;
« Et quand je suis debout sur mon trône invincible,
« Qui donc pourrait lever un regard impassible
   « Jusqu'à la gloire de mon front ?

« Je suis le plus puissant, le plus fort, le plus brave !
« Le monde est à mes pieds couché comme un esclave ;
« Je commande à la vie et j'ordonne à la mort !
« Devant moi, si je veux, toute vertu s'écroule,
  « Mon nom épouvante la foule,
« Et seul le Dieu du ciel est maître de mon sort !

« Des mains du Tout-Puissant j'ai reçu les clefs saintes !
« Qu'importent à mon cœur les douleurs et les plaintes
« De mes sujets vaincus pleurant pendant les nuits ?
« Ma puissance ne doit de comptes à personne,
« Par le vouloir de Dieu je porte la couronne,
  « Et je suis parce que je suis !

« Depuis dix-huit cents ans, appuyé sur mon glaive,
« J'ai brisé, sans faiblir, tout effort et tout rêve
« Qui remuait dans l'ombre et regardait vers moi !
« Je ne veux pas changer mes maximes parfaites,
  « Et vous n'aurez que des défaites,
« Vous qui tentez de vivre en dehors de ma loi !

« J'ai le fer pour raison et le bûcher pour aide ;
« Quand je pars en chemin le bourreau me précède,
« On cache les enfants quand je passe auprès d'eux ;
« Si je suis moins que Dieu, je suis plus grand que l'homme ;
« Mon pouvoir est sans fin et l'histoire me nomme
  « Charles neuf ou Philippe deux !

« J'ai fermé mes cachots sur la pensée ailée ;
« J'ai fait brûler Jean Huss et mentir Galilée ;
« Aux lèvres des rêveurs j'ai mis un sceau de plomb ;
« J'ai mutilé tout livre, éteint toute parole,
  « J'ai torturé Savonarole,
« J'ai poursuivi Luther et mis aux fers Colomb !

« Dans le Midi sanglant j'ai fait les dragonnades ;
« A travers les ravins, les bois et les bourgades
« J'ai chassé les Vaudois comme des sangliers ;
« Dans le sang répandu j'ai trempé mon hostie ;
« J'ai déchiré le corps de la blanche Hypathie
  « Et j'ai brûlé les Templiers !

« Je tue au nom de Dieu ! je mets une croix blanche
« Au bras de ceux qui vont, une épée à la hanche,
« Chercher les Coligny dormant d'un pur sommeil ;
« Et je vais ricanant, en troussant ma moustache,
    « Regarder ceux que l'on attache
« Au gibet qu'ont pourri la pluie et le soleil !

« Quand j'étais Borgia, j'épouvantai la terre,
« Traînant ma robe auguste à travers l'adultère,
« L'inceste, l'échafaud, le vol et le poison ;
« J'étais l'élu de Dieu ! nul n'avait rien à dire !
« Liant et déliant pour l'éternel empire,
    « J'étais pape, et j'avais raison !

« J'ai pour les mécontents des tours et des bastilles !
« J'ai l'oreille tendue au milieu des familles ;
« Je m'assois au foyer immobile et fatal ;
« De tout secret voilé je veux être le maître
    « Et je chasse, au besoin, le prêtre
« Pour me mettre à sa place au confessionnal !

« Quand mon cœur est clément et que mon âme est douce,
« Quand je fuis les rigueurs vers qui ma loi me pousse,
« Lorsque je sens en moi des besoins de pardon,
« Lorsque parfois je veux, usant du droit de grâce,
« Affirmer mon pouvoir que ma pitié surpasse,
   « Quand je suis très-humain, très-bon,

« Je ne fais pas mourir ! je bâtonne et j'enchaîne !
« J'attache les vivants, dos à dos, par centaine,
« Et je les chasse au loin dans un exil amer,
« Vers des pays méchants pleins de pleurs et de sables,
   « Dans des déserts infranchissables,
« Hors de toute patrie, au delà de la mer !

« Quand un peuple dont Dieu m'a confié la garde,
« Écoutant de vains mots, se lève et se hasarde
« A dresser contre moi son regard menaçant,
« Comme des chiens hurlants je lâche mes armées,
« Et ses efforts, ses cris, ses fureurs, ses fumées
   « S'éteignent bientôt dans le sang !

« Car il ne faut jamais que sur moi plane un doute ;
« Je dois marcher toujours et poursuivre ma route,
« Écrasant sous mes pas tout obstacle ennemi ;
« Dieu m'a dit : Sois puissant ! je garde ma puissance ;
   « Elle est divine en son essence,
« Et depuis qu'elle existe elle n'a pas dormi.

« Je suis depuis longtemps et je veux toujours être !
« J'ai l'esprit, j'ai le cœur et j'ai le bras du maître ;
« Je combats et je hais la pâle Liberté !
« Jadis de l'homme-Dieu c'est moi qui fus l'apôtre ;
« Mon nom retentissant est plus grand que nul autre :
   « Je suis PIERRE, L'AUTORITÉ ! »

II

La voix se tut. Alors dans le silence et l'ombre,
De nouveau j'entendis parler une voix sombre ;
Elle semblait de loin un murmure de flots
Et s'arrêtait brisée à travers des sanglots.

Elle venait vers moi comme une âpre rafale,
Avec des cris aigus jetés par intervalle,
Et je croyais ouïr, immobile, éperdu,
La voix du vieux Jacob pleurant son fils perdu :

« O chers martyrs ! dormez dans vos couches sanglantes,
    « Sur le dos et la face au ciel !
« Dormez, ô doux penseurs, dont les lèvres tremblantes
    « N'ont jamais trouvé que le fiel !
« Dormez, soldats vaincus de l'éternelle idée,
    « L'âme en paix et le cœur content !
« Dormez sans regretter votre coupe vidée,
    « Car Dieu vous voit et vous attend !

« Dormez ! le sang versé pour l'effort héroïque
    « N'a pas coulé sur terre en vain,
« Il ira féconder, dans leur âme stoïque,
    « Ceux qui cherchent le but divin.

« Dormez ! notre triomphe est dans l'ombre lointaine,
« Et le drapeau que vous aimez
« Aura son jour aussi de victoire certaine ;
« O soldats du devoir, dormez !

« Et toi, pâle trembleur, qui pour sauver ta vie
« As toujours renié ton Dieu ;
« Toi qui, si notre main n'était pas asservie,
« N'aurait ni foi, ni feu, ni lieu !
« Toi qui viens célébrer tes grandeurs éphémères,
« Tes conquêtes et ta vertu,
« Toi qui n'as jamais su que désoler les mères,
« Dur apôtre, qui donc es-tu ?

« Depuis le jour béni plein d'éclairs et de foudre
« Où, courbé sous la nue en feu,
« Je demeurai tremblant prosterné dans la poudre,
« Je suis l'élu du Seigneur Dieu !

« Je n'ai pas, comme toi jadis, trahi le Maître !
  « Je vais, préparant son chemin ;
« Je suis et je serai parce que j'ai droit d'être ;
   « J'ai le Glaive et le Livre en main !

« J'ai le Livre pour dire aux familles humaines :
   « Soyez libres, c'est votre droit !
« Car Jésus est venu pour détacher les chaînes
   « Et montrer l'avenir du doigt !
« J'ai le Livre pour dire aux douleurs solennelles :
   « Levez-vous au lieu de ramper !
« Allez ! continuez nos œuvres éternelles !
   « J'ai le Glaive pour te frapper !

« Et je te frapperai ! Dans ta poitrine avide,
   « A deux mains je prendrai ton cœur,
« Et j'en souffletterai ta face fratricide,
   « Ta pâle face d'égorgeur !

« C'est moi qui traînerai ton cadavre difforme
 « A travers les ruisseaux bavants,
« Et qui, pour assouvir la multitude énorme,
 « Jetterai tes restes aux vents !

« Car j'ai toujours haï ta puissance maudite ;
 « Toujours tu m'as vu sur tes pas,
« Levant vers toi mes yeux où l'avenir médite,
 « Te convier vers le trépas !
« Sous tes lourds brocarts d'or tout peuplés de mensonges,
 « Sitôt que tu t'es endormi,
« Tu me vois apparaître au milieu de tes songes,
 « Car je suis ton vieil ennemi !

« L'ennemi de ton nom ! l'ennemi de ta race !
 « Celui qui toujours a lutté,
« Que tu peux écraser sous ton nombre et ta masse,
 « Mais que tu n'as jamais dompté !

« Celui qui ne craint pas la splendeur de ton crime
« Ni ton pouvoir extrahumain !
« Celui qui toujours crie aux peuples qu'on opprime :
« Debout ! debout ! l'épée en main !

« Quand tu dis : Mon pouvoir ! moi je dis : La patrie !
« Hélas ! bourreau ! j'ai vu souvent
« Mes fils, par toi pendus aux gibets de Hongrie,
« Mornes, se balancer au vent !
« Sous tes coups monstrueux que la peur divinise,
« J'ai vu la Sicile crouler !
« J'ai vu pleurer Milan ; j'ai vu tomber Venise
« Et j'ai vu Naples s'exiler !

« J'ai vu l'ordre par toi régner dans Varsovie,
« J'ai vu l'exil farouche et dur
« Chasser mes combattants blessés, presque sans vie,
« Sous le knout d'un soldat impur !

« Ta raison, c'est la hache! et ton droit, c'est le glaive!
    « Frappe! tue! égorge et détruis!
« Je renais dans le sang, ô saint Pierre, et ton rêve
    « Tombera dans le sein des nuits!

« Tu n'es que le passé! moi je suis l'espérance!
    « Je suis ce qui sera demain!
« Je saurai conquérir la grande délivrance
    « Que je vois au bout du chemin!
« Tu voudrais bien railler en comptant mes blessures,
    « Mais ton cœur tremble malgré toi,
« Car tu sais que mes mains implacables et sûres
    « Ont déjà déchiré ta loi!

« Quand tu tonnais bien haut sous ta large coupole,
    « Ouvrant le ciel, ouvrant l'enfer,
« J'ai dirigé vers toi la terrible parole
    « De mon doux serviteur Luther!

« Tu peux verser le sang sous la voûte étoilée,
   « Avoir des carcans et des coins,
« Tu peux chasser Keppler, torturer Galilée :
   « La terre n'en tourne pas moins !

« Il suffit d'un seul jour, il suffit d'un seul homme
   « Pour mettre ton pouvoir à bas !
« Quelle que soit ta ville, ou Pétersbourg ou Rome,
   « Elle entendra marcher mes pas !
« Un jour tu me verras, vainqueur et légitime,
   « Écraser ton autorité,
« Car j'ai pour moi le droit et l'avenir sublime :
   « Je suis SAINT PAUL, la LIBERTÉ ! »

III

La voix se tut alors ; mais une voix nouvelle,
Parlant avec un ton de grandeur solennelle,
A son tour s'envola dans le silence obscur ;
Sa charmante douceur, son timbre fort et pur
Que soulevaient les cris d'une sourde colère,
Et que mouillaient les pleurs d'une détresse amère,
Lui donnaient des accents d'invincible raison,
Pendant qu'elle planait sous l'immense horizon :

« O frères ennemis ! dans cette nuit terrible
« Où des mourants pressés j'entends le spasme horrible,
« Où le sang encor chaud vers le ciel va monter,
« Où l'ange accusateur voilant sa face blême
« Tourne vers vous sa main en disant : Anathème !
    « Vous êtes à vous disputer !

« Taisez-vous tous les deux ! taisez-vous, mauvais frères !
« Apôtres de deuil, taisez-vous !
« Laissez tresser en paix les palmes funéraires
« A ceux qui pleurent à genoux !
« Au lieu de vous vanter de vos longues batailles,
« Tâchez plutôt de les finir ;
« Car Dieu, qui n'aime pas ces rouges représailles,
« Un jour viendra pour vous punir !

« Avez-vous oublié, dans vos luttes coupables,
« Les mots qu'ont prononcé les lèvres ineffables
« De celui qui pour nous sur la croix expira ?
« Plus tard il punira votre folle épopée,
« Car il a dit : Quiconque a frappé par l'épée
« Par l'épée aussi périra !

« Vous marchiez près de lui, vous fûtes ses apôtres,
« Qu'avez-vous fait des mots si doux :
« En vérité, je vous le dis, les uns les autres,
« Hommes, aimez-vous ! aimez-vous !

« Au lieu de vous aimer, vous attisez les haines,
« Vous aspirez l'air des combats,
« Vous allez, vous heurtant aux choses incertaines,
« L'œil en flamme et le glaive au bras!

« Croyez-moi! croyez-moi! votre route est impie,
« Vos crimes sont de ceux qu'à la fin on expie,
« Car le sang répandu n'a jamais rien prouvé!
« Est-ce que vos soldats morts dans les champs humides
« Ont donné gain de cause aux luttes fratricides
« De votre rêve inachevé?

« Le droit est à saint Paul ; la force est à saint Pierre!
« Le droit, la force, tristes mots!
« Vous agitez ensemble une vieille poussière,
« Dont vous faites surgir des maux
« Où l'humble humanité, partageant votre ivresse,
« Se précipite à votre voix,
« Et pour ses membres las vous relevez sans cesse
« Le sanglant poteau de la croix!

« Au lieu de raviver votre éternel divorce,
« Partagez-vous le droit, partagez-vous la force !
« Le monde n'est-il pas assez grand pour vous deux?
« Jetez vos glaives loin, jetez au loin vos flammes,
« En vous prenant la main, donnez la paix aux âmes,
  « Et cessez vos duels hasardeux !

« Frères méchants, au lieu de fomenter la haine,
  « D'appeler du glaive au poignard,
« Et de pousser entre eux les peuples hors d'haleine
  « Autour d'un sinistre étendard ;
« Au lieu de leur montrer comme but de la vie
  « L'Autorité, la Liberté,
« Apprenez-leur plutôt la charité ravie,
  « Invoquez la Fraternité.

« Invoquez-la, sinon, dans vos cités en larmes
« Je descendrai séchant le sang, brisant les armes,
« Et m'appuyant sur vous, vous absorbant en moi,

« Entre vous deux j'irai, prenant tes clefs, saint Pierre,
« Saint Paul, prenant ton livre éclatant de lumière,
  « Promulguer la nouvelle loi !

« Aimez-vous ! aimez-vous ! Dieu ne veut pas qu'on pleure !
  « En lui tout est rayonnement !
« Travailléz de concert à faire avancer l'heure
  « Du suprême affranchissement !
« Travaillez sans repos par le sceptre et le livre
  « A rendre les hommes heureux,
« Ou craignez, si je viens, que je ne les délivre
  « Des fers que vous forgez pour eux !

« Car du Maître mourant j'ai l'héritage austère ;
« C'est à moi qu'il a dit : Homme, voici ta mère !
« Et me montrant il dit : Femme, voici ton fils !
« Un jour je descendrai pour préparer son règne ;
« Car vous avez encor besoin qu'on vous enseigne
  « Ce qu'il nous apprenait jadis !

« C'est moi qu'on appelait : le disciple qu'Il aime !
 « Sa main reposa dans ma main ;
« J'étais auprès de Lui dans le repas suprême,
 « Et je mis mon front sur Son sein.
« En haut du noir Calvaire, au pied de la croix sainte,
 « Je sanglotais agenouillé,
« J'entendis le grand cri de Sa dernière plainte,
 « Et par Son sang je fus mouillé !

« L'esprit de Dieu passa sur ma face troublée ;
« Dans les nuits de Pathmos mon âme dédoublée
« A forcé les secrets du ciel caché pour vous ;
« J'ai vu l'Agneau divin couché près de son Père,
« J'ai vu les chérubins qui nous disent : Espère !
 « Et qui Le servent à genoux !

« Et c'est moi qui viendrai pour finir vos querelles,
 « Vos cruautés et vos forfaits !
« Et je viendrai sceller vos luttes fraternelles
 « Par la justice et par la paix !

« J'apporterai, joyeux, à la terre charmée
« L'aurore de son plus grand jour,
« Car, Dieu m'a réservé sa tâche bien-aimée :
« Je suis SAINT JEAN, je suis l'AMOUR ! »

Juillet 1856.

LIVRE DEUXIÈME

LA MORT DU DIABLE

LA MORT DU DIABLE

> Nos ayeux ont traversé l'âge de fer,
> l'âge d'or est devant nous.
>
> BERNARDIN DE SAINT-PIERRE.

> Et elle t'écrasera la tête.
>
> GENÈSE, ch. III, verset 15.

I

Par delà le roc noir où mourut Prométhée ;
Par delà les confins de la terre habitée ;
Par delà les grands flots des océans lointains
Où nagent en soufflant les monstres incertains ;

Par delà les glaçons qui portent aux épaules
L'immuable manteau de la neige des pôles ;
Au delà de ces mers que le marin hagard
Fuit avec épouvante en voilant son regard ;
Au delà de la nuit qui n'a jamais d'aurore ;
Par delà l'horizon ; plus loin, plus loin encore ;
Au delà de l'espace et de l'immensité
Se déploie un pays que nul n'a visité
Et qu'un jour à Pathmos saint Jean vit dans un rêve.

Plus vaste qu'un désert, plus brûlant qu'une grève,
Sans brise le matin et sans fraîcheur le soir,
Comme un chaos informe, il dort sous le ciel noir.
C'est un terrain maudit ; tout est gris, tout est morne !
Nulle clarté ne brille à l'horizon sans borne ;
Le fleuve n'a pas d'eau, le ciel n'a pas d'azur ;
Tout semble desséché sous un miasme impur.
Ainsi que des boas, les lianes noueuses
Rampent en se tordant sur les rives boueuses
Des marais, où, grouillant l'un à l'autre mêlés,
Les serpents font glisser leurs anneaux enroulés ;

Nul oiseau dans les airs, et sur la terre vide
Nulle fleur; on entend souffler le vent aride,
Qui passe avec des cris comme un gémissement
Secoué de sanglots et lamentablement;
Les arbres ont de loin des formes convulsées,
Avec leurs troncs ouverts et leurs branches blessées
Qui pendent tristement sur les rochers poudreux
Dévorés jusqu'au cœur par les lichens lépreux.

Ce pays demi-mort et que rien ne ranime,
Et dont nous ignorons le vrai nom, c'est l'Abime!

C'est par là que passa, lorsqu'il tomba des cieux,
L'ange hautain du mal; et c'est là que ses yeux,
Où brillaient la jeunesse et la force hardie,
Séchèrent d'un regard, et mieux qu'un incendie,
Le fleuve où maintenant les flots ne coulent plus
Et la plaine où croissaient les arbres chevelus.
Il était fort alors, portant sur son front blême
L'ineffaçable sceau du divin anathème.

Aussi beau qu'un archange et presque égal à Dieu !
Quand son œil menaçant contemplait le ciel bleu,
Les dominations, les chérubins, les anges,
Resserraient en tremblant leurs timides phalanges,
Et se voilant le front à ce regard fatal,
Disaient : Seigneur ! Seigneur ! délivrez-nous du Mal !

De tout cela, voilà bien longtemps, et les mondes
Gravitent maintenant leurs éternelles rondes,
Sans penser à celui dont le nom entendu
Seul, jadis, les fixait dans le ciel éperdu.

Un jour, dans ce pays ravagé par l'haleine
Des désolations, tout au fond de la plaine,
On vit paraître un homme effroyablement vieux.
Il s'avance à pas lents, traînant son pied boîteux ;
De larges plis profonds sillonnent son front chauve ;
Un regard presque éteint flotte dans son œil fauve ;
Il s'arrête, épuisé, pesant, défait, transi ;
La sueur du mal perle à son front rétréci ;

La vieillesse l'étreint, la souffrance l'accable,
La mort le suit de près :

Il se nomme LE DIABLE!

Non pas ce beau Satan qu'un poëte a rêvé,
Roi du monde maudit, archange réprouvé,
Fou d'orgueil et d'amour, triomphant de jeunesse,
Et dont on adorait l'enivrante tristesse;
Non ce pâle jeune homme au front sombre et flétri
Qui cache la douleur dont son cœur est meurtri,
Et qui fait bien souvent songer les jeunes filles,
Quand la nuit les surprend seules sous les charmilles
Non ce grand *Méphisto,* ricaneur débraillé,
Qui pousse vers sa chute un savant embrouillé;
Non ce Diable puissant, héros du moyen âge,
Qui brame dans le vent et tonne dans l'orage;
Non ce Malin railleur, dur prévôt de l'enfer,
Qui secouait à Worms la couche de Luther ;
Non l'ardent séducteur qui, forçant les retraites,
Possédait à Loudun les nonnes indiscrètes,

Et qui laissait brûler ceux qui croyaient en lui;
Mais le Diable réel, tel qu'il est aujourd'hui,
Le Diable misérable, effrayé, sans adresse,
Sans force; un Diable enfin qui s'éteint de vieillesse.

A l'horizon passait un rayon de soleil
Comme un pâle regard, et son filet vermeil
Glissait en frémissant sur les rochers énormes
Et dorait d'un reflet les troncs d'arbres difformes;
« Oh! dit alors le Diable en étirant ses bras,
« Ce soleil réjouit mes pauvres membres las;
« J'ai froid, mon sang figé s'arrête dans mes veines;
« Mon œil ne peut plus voir dans les choses humaines;
« De tristesses sans nom tout mon cœur est gonflé;
« J'hésite à chaque pas; mon esprit est troublé;
« J'ai peur! je ne vois plus à travers mes royaumes
« Que monstres menaçants et que sombres fantômes;
« Mon souffle qui chassait les orages en feux
« Sort tremblant de mon sein comme un râle douteux;
« Mon pied fourchu n'a plus ni vigueur, ni vitesse;

« La fatigue m'abat, mon grand âge m'oppresse,
« Et je sens que je suis perdu ! »

Sa voix tomba;
Puis tout à coup levant la tête, il s'écria :

« Oh ! le bon temps de ma jeunesse,
« Temps de verdeur et d'allégresse;
« Temps de recherche et d'inconnu ;
« Temps de conquête et d'aventure
« Où j'étais roi de la nature,
« Hélas ! qu'est-il donc devenu !

« O mes Gomorrhes, mes Sodomes,
« Mes larges cités aux cent dômes,
« Aux murs d'airain, aux temples d'or;
« Mes Ninives, mes Babylones
« Pleines de palais et de trônes,
« Que ne vous possédé-je encor?

« O Babel ! ma tour bien-aimée !
« Qui parmi la nue enflammée
« Élevais ton couronnement,
« Pourquoi morte, brisée, inerte,
« As-tu jonché la terre verte
« De ton immense écroulement ?

« O Moloch ! Typhon ! Ahrimane,
« Astarté dont l'amour émane,
« O vieux amis des anciens jours !
« Pourquoi dans des nuits éternelles
« Avez-vous fermé vos prunelles,
« Vous qui deviez vivre toujours ?

« O douleur ! tout meurt ! tout s'écroule !
« Mon nom est risée à la foule !
« Je suis vaincu par Jéhova !
« Et bientôt sur la terre entière
« Je n'aurai plus même une pierre,
« Car Rome, hélas ! aussi s'en va ! »

Puis il laissa tomber dans ses mains chancelantes
Son front qu'alourdissaient les tristesses brûlantes ;
Il demeurait assis, immobile et songeur,
Écoutant lentement battre son faible cœur ;
Ses yeux pleins de lueurs vaguement incertaines,
Comme s'ils recherchaient des images lointaines,
Regardaient fixement, sans trembler, sans frémir,
Ainsi que l'on regarde au fond d'un souvenir.
Ses lèvres s'entr'ouvraient parfois, et sa voix brève
Disait des mots confus, comme on fait dans un rêve.

« Ah ! je connais mon mal, s'écria-t-il enfin,
« Cet incurable mal et qui va prendre fin !
« Non ! je n'ai pas encore oublié cette histoire,
« Ni ce jour où j'avais déjà chanté victoire,
« Et qui fut le premier de mon rabaissement ! »

Il se tut et reprit, en parlant lentement :

« C'était un vendredi, dans la grande journée
« Où les cieux interdits, où la terre étonnée
« Avaient vu sur la croix, pâle, abreuvé de fiel,
« Celui qui pardonnait à la femme adultère,
« Qui marchait sur les flots et qui disait : Mon Père !
       « Quand il parlait du Dieu du ciel !

« Il avait incliné son front chargé d'épines,
« Son côté droit saignait, et des larmes divines
« Mouillaient avec le sang son visage altéré ;
« Rien ne vint le sauver, ni foudre, ni miracle ;
« Il était mort enfin, et dans le tabernacle
       « Le voile s'était déchiré !

« Son règne était fini ; cette heure solennelle
« Me montrait désormais ma puissance éternelle ;
« Les hommes m'adoptaient, je devenais leur Dieu,
« Et je pensais déjà, refaisant la Genèse,
« A secouer le sort dont le fardeau me pèse,
       « Pour escalader le ciel bleu !

« Tout allait bien là bas ! on tordait la chair vive,
« Et dans les feux ardents que le bitume avive
« On jetait les damnés par troupe et par essaim ;
« J'écoutais en riant les clameurs gémissantes ;
« A deux mains j'attisais mes flammes mugissantes,
 « Quand un bruit m'attira soudain !

« C'était Lui ! c'était Lui ! Lui ! la haute victime !
« Infini ! toujours Dieu ! splendidement sublime !
« Marchant dans sa grandeur et sa sérénité,
« Immuable en sa force, éclatant de jeunesse,
« Éblouissant de grâce, enivrant de tendresse
 « Et rayonnant d'éternité !

« Les démons avaient fui, comme au jour les effraies !
« Au rayon lumineux qui sortait de ses plaies
« Le rouge éclat des feux s'était évanoui ;
« Tout se tut à la fois, les pleurs, les cris, la flamme ;
« Un céleste parfum, plus doux que le cinname
 « Planait dans le gouffre ébloui !

« Il marchait appuyé sur les épaules d'Ève,
« Au cœur de qui montait une nouvelle séve,
« D'Ève dressant son front si longtemps abattu,
« D'Ève se relevant de son long anathème,
« D'Ève transfigurée, égale à l'homme même,
  « Pleine de force et de vertu !

« Derrière lui venait une foule pressée
« Des hardis précurseurs de sa haute pensée :
« Zoroastre, Manou, Moïse, Thôt, Platon,
« Bouddha, Solon, Socrate, Aristote et tant d'autres
« Qui, dans l'humanité, s'avançant en apôtres,
  « Avaient cherché le Dieu très-bon !

« Plus loin les conquérants, adorateurs du glaive,
« Ouvrant des yeux surpris, comme sortant d'un rêve,
« Généraux, empereurs, envahisseurs et rois,
« Regardaient, écrasés d'une terreur profonde,
« Cet homme qui venait de conquérir le monde
  « En mourant, du haut d'une croix !

« Glorieux, il allait ! Sa main était tendue
« Vers Adam, qui levait sa paupière éperdue
« Sur Celui dont la voix proclamait son pardon ;
« Le Père des humains sentait dans sa poitrine
« Que l'homme n'avait plus la tache d'origine
         « Qui le faisait fils du Démon.

« Caïn, le front caché dans la poussière aride,
« Prosternait en pleurant sa face fratricide
« Et son cœur meurtrier devant l'Agneau des cieux ;
« Ses sanglots mugissaient ainsi qu'une tempête ;
« Le Maître s'arrêta, puis il tourna la tête
         « Et s'éloigna, fermant les yeux !

« Judas, mon fils chéri, Judas, dont la lignée
« A tant régné depuis sur la terre indignée,
« L'hôte nouveau venu de mon embrassement,
« Judas, collant son dos aux brûlantes murailles,
« Retenait à deux mains ses livides entrailles
         « Qui s'échappaient en écumant !

« Tout se taisait ; Caïn sanglotait en silence,
« Et chacun s'enivrait de grâce et d'indulgence !
« Tout à coup sur la terre on entendit un bruit
« Semblable au bruit de l'eau qui se rompt contre une arche ;
« C'était le Juif errant qui se mettait en marche,
    « Traînant ses remords dans la nuit !

« Je restais atterré, muet, pâle, immobile,
« Cherchant quelque courage en ma tête débile,
« Quand Il laissa tomber sur mon front son regard,
« Son regard plein d'amour et de joie abondante,
« Qui pénétra mon cœur comme une flamme ardente
    « Et me blessa comme un poignard !

« Et depuis ce moment une langueur me tue
« Qui fait mon cœur éteint et mon âme abattue ;
« Chaque jour plus honteux et plus débilité,
« Je ne peux plus marcher dans ma route suivie,
« Et moi, Satan ! je cherche à ressaisir la vie
    « Sans croire à mon éternité ! »

Le Diable alors se tut! Saignant des flétrissures
Qui déchiraient son cœur de leurs lentes morsures,
Inclinant vers le sol son crâne déprimé,
Écrasé sous le poids de son corps difformé,
Tombé, plutôt qu'assis, sur une roche sombre,
Grêle, hâve, maigri, plein de faiblesse et d'ombre,
Il était lamentable et plus sinistre à voir
Qu'un cadavre étendu dans le sépulcre noir !

Il rêvait !
        A quoi peut rêver ce qui succombe ?

Semblable à ces vieillards qui, le pied dans la tombe,
Cherchent à ressaisir les débris du passé
Et pensent aux beaux jours de leur temps effacé,
Le Diable repensait à ces heures charmantes
Où, jeune et contemplant les verdures dormantes,
Il marchait, libre et fort, dans le paradis bleu,
Sous l'azur immuable et les astres de feu !
Des regrets éperdus, plus acérés qu'un glaive,
Entraient en lui; sa voix murmurait le nom d'Ève;

Il lui semblait la voir, ainsi qu'au premier jour,
Surprise, immaculée, enivrante d'amour,
Laissant sur ses pieds blancs trainer sa chevelure,
Marcher en hésitant par la jeune nature.
Dans un chagrin sans nom il se sentait sombrer ;
Il aurait pleuré, si le Diable eût pu pleurer !

« Oh ! je veux te revoir, pays de ma jeunesse,
« S'écria-t-il, pays d'où la main vengeresse
« Du Seigneur m'a chassé ! Je veux, pour une fois
« Encore, m'égarer à l'ombre de tes bois,
« Boire à tes gais ruisseaux coulant sous les ramées,
« Et respirer l'odeur de tes fleurs embaumées ;
« Je veux partir !

    « Hélas ! peut-être en me voyant,
« L'ange éclatant qui tient le glaive flamboyant
« Me criera : Hors d'ici ! Car l'épée enflammée
« Garde encor contre moi cette route fermée !
« Qu'importe ! je verrai l'escalier de saphyr
« Qui conduit au jardin où chante le zéphyr,

« Et peut-être un parfum apporté par la brise
« Viendra charmer du moins ma narine surprise ;
« Peut-être, haletant et tapi dans un coin
« Pourrai-je, en me cachant, apercevoir de loin
« Les arbres verdoyant d'une verdure immense
« Qui me rappelleront les jours de ma puissance !
« Allons ! »

Le Diable alors prit sa béquille en main,
Et se dressant debout, il se mit en chemin.
Un sourire de joie éclatait sur sa lèvre ;
Son œil se ranimait ; une sorte de fièvre
Rajeunissait l'ardeur de son corps épuisé ;
Il allait, soulevant son pied galvanisé
Par un espoir sans nom ! Au milieu des grands sables,
Dans les ravins coupés de rocs infranchissables,
A travers les torrents et les lacs écumeux,
Au fond des bois épais, sur les mornes brumeux,
Par les monts sans abri, par les blondes vallées,
Sur l'implacable bord des plages désolées,
Il allait ! il allait !

Il marcha bien longtemps,
Guidé, fortifié par les espoirs chantants,
Sans détourner les yeux, par des routes étranges
Où seuls peuvent passer les démons et les anges;
Il atteignit ainsi le pays sans pareil
Où brille incessamment un éternel soleil.

L'escalier de saphyr, éclatant de lumière,
Étalait ses degrés où brillait la poussière
Des constellations; l'archange gardien
Posait sur ses deux bras son front olympien
Et dormait; à ses pieds, tombé là par mégarde,
Le glaive flamboyant, brûlé jusqu'à la garde,
Gisait comme un tronçon d'épée inoffensif.
Le Diable s'arrêta; son regard attentif
Parcourait l'escalier, l'ange endormi, le glaive;
Il se frottait les yeux et se disait : Je rêve!

Non, tu ne rêves pas! Le chemin est ouvert
Par où l'on peut monter au jardin toujours vert!

Non, tu ne rêves pas! L'épée est bien éteinte!
L'ange est bien endormi! tu peux monter sans crainte!

Il monta lentement, tremblant à chaque pas,
Et se tournant pour voir s'il ne s'éveillait pas
Celui dont il craignait la force radieuse;
Mais il dormait toujours; sa tête lumineuse
Se reposait encor sur ses deux bras croisés.
Le Diable gravissait les degrés irisés;
Plus il marchait et plus il sentait dans son âme
Vibrer des souvenirs ardents comme une flamme,
En embrassant encor de son œil effrayé
Ces hauts lieux d'où jadis il tomba foudroyé!
Il parvint à l'Éden; les portes diaphanes
S'ouvraient à deux battants, laissant voir les arcanes
De ce paradis bleu, rêve désespéré
De son cœur défaillant.

    Le Diable était entré!

II

Sur le gazon moiré, des roses éternelles
Entr'ouvraient au soleil leurs corolles nouvelles ;
Des fruits de diamant, suspendus aux rameaux
Des arbustes touffus où sautaient les oiseaux,
Brillaient sous le feuillage ainsi que des étoiles ;
Des clartés s'étendaient sur tout, comme des voiles
D'azur et d'or ; les eaux des grands fleuves sacrés
Inclinaient les roseaux sur les sables nacrés ;
On entendait chanter de vagues harmonies
Qui prolongeaient au loin leurs notes infinies ;
Des parfums inconnus, doux, profonds, enivrants
Dans la brise passaient ; les ruisseaux murmurants

Baignaient les prés lointains ; quelquefois sous les branches
On voyait s'avancer un ange aux ailes blanches,
Qui marchait en disant des mots de pureté ;
Tout était joie, amour, bonheur, sérénité !

Le Diable allait toujours, dilatant sa narine
A l'air immaculé qui frappait sa poitrine,
Joyeux et se sentant plus vaillant dans le cœur.
Lorsque son pied fourchu posait sur une fleur,
Cette fleur s'agitait comme en proie au vertige,
Se courbait sous l'empreinte et relevait sa tige !
« Ah ! dit-il, autrefois, lorsque mon pied boiteux
« Se posait quelque part, il en sortait des feux
« Qui brûlaient tout ! Hélas ! maintenant, ô misère !
« Où donc est ma vigueur ? J'ai beau frapper la terre,
« Appuyer, piétiner, je ne puis même plus
« Écraser une fleur avec ce pied perclus ! »

Il arriva bientôt, baissant ses yeux moroses,
Près d'un parterre en fleurs ; c'était un champ de roses

Dont la tige hardie et les pétales bleus
Paraissaient colorés par un reflet des cieux.
Il s'arrêta, sentant éclater dans son âme
Le souvenir vivant de la première femme,
Et repensant encore à son âge, à ses maux,
A ses jours d'autrefois, il prononça ces mots :

« Ah! ce fut là, parmi ces hautes herbes,
« Sur ces prés verts pleins de roses en gerbes,
« Sous ces grands bois regrettés à jamais,
« Près des ruisseaux, dans la brise embaumée,
« Que tu marchas vers moi toute charmée,
  « Ève, que j'aimais!

« Je regardais, retenant mon haleine,
« Passer de loin ta beauté surhumaine,
« Comme un soleil créé nouvellement ;
« Je m'enivrais de ta grâce divine,
« Et je sentais au fond de ma poitrine
  « Grandir mon tourment !

« Je te voulais ! Ma puissance naissante,
« Mon cœur d'airain, ma force éblouissante,
« Tous les démons prosternés sous ma loi,
« Mon rouge enfer, mon éternelle vie,
« J'aurais, hélas ! plein d'une folle envie,
  « Tout donné pour toi !

« Un jour enfin, — astres pleins de merveilles,
« O Paradis ! ô corolles vermeilles !
« Arbres charmants, vous en souvenez-vous ? —
« Tu fus vaincue, ô la première femme !
« Et tu baissas, sous ma prunelle en flamme,
  « Tes yeux bleus et doux !

« C'est là ! c'est là ! parmi ce champ de roses,
« Dans ces buissons aux fleurs toujours écloses,
« Que j'endormis tes efforts succombés ;
« Et je m'étonne encore quand j'y pense,
« Que les soleils roulants dans l'air immense,
  « N'en soient pas tombés !

« Depuis ce jour, sous le temps implacable,
« J'ai vu fléchir ma force inexorable
« Et ma vigueur pâlir et se briser ;
« J'ai tout perdu, ma puissance et ma gloire,
« Mais j'ai toujours gardé dans ma mémoire
     « Ton premier baiser ! »

Un sanglot convulsif ébranla tout son être ;
Il essuya son front pour faire disparaître
La blanche vision qui l'avait tant troublé,
Et reprit son chemin, sous sa peine accablé.

Devant lui s'étendait, immense et plantureuse,
Une plaine ; au milieu, dans sa puissance ombreuse,
L'arbre de la Science élevait ses grands bras
Si haut que leur sommet ne s'apercevait pas.
L'arbre du Bien, joyeux et plein de fleurs splendides,
Montrant ses larges fruits à ses branches solides,
Frissonnant de jeunesse et de verte beauté,
Exubérant d'ardeur, de vie et de santé,

Grandi, fortifié, plus que jamais superbe,

Poussait autour de lui comme une énorme gerbe,

Son feuillage éternel, heureux de verdoyer,

Et ses larges rameaux que rien ne peut ployer !

Nul ne racontera sa grâce surprenante,

Sa vertu sans pareille et sa force avenante,

Le chant de ses oiseaux, son parfum doux et pur,

Son éclat merveilleux, ses longues fleurs d'azur,

La hauteur de son port, la fraîcheur de son ombre

Et le concert charmant de son feuillage sombre !

A côté, rabougri, chétif, maigre, fatal,

Un arbre végétait : c'était l'arbre du Mal !

Nul fruit ne paraissait à ses branches pelées

Qui tombaient sur son tronc, faibles, écheyelées,

Sans feuilles ; vénéneux, de grands champignons verts

S'étalaient sur ses pieds dévorés par les vers ;

Une jaune liqueur, sanieuse et putride,

Coulait et se figeait sur son écorce aride ;

Nul oiseau ne chantait sous ses tristes rameaux ;

Seul, un serpent farouche y roulait ses anneaux ;

L'arbre faisait pitié dans sa morne attitude
Et semblait effrayé de sa décrépitude !

« Ah ! voilà maintenant que mon arbre chéri,
« Desséché par le temps, fendu, fané, pourri,
« Brisé, s'en va mourir aussi ! cria le Diable. »
Et, saisi d'un accès de rage formidable,
Il prit le bâton qui lui servait de soutien,
Et, d'un bond, le lança contre l'arbre du Bien !
La béquille siffla, tournoyant avec force ;
Mais dès qu'elle eut touché l'arbre à la pure écorce,
Elle jaillit au loin, rompue en mille éclats.

Qu'allait faire le Diable ! Il était vieux et las
Et boiteux ; qu'allait-il devenir sans béquille ?
Plus lent qu'un limaçon dans sa lourde coquille,
Vers son arbre du Mal il se traîna, dit-on,
Et cueillit un rameau pour en faire un bâton.
Dès qu'il eut appuyé dessus son corps qui penche,
Le rameau se rompit ; il prit une autre branche,

Elle rompit encore, ainsi jusqu'à trois fois;
Les bâtons vermoulus se brisaient sous son poids
Et tombaient à ses pieds ! Alors, dans sa colère,
Au grand arbre où fleurit la Bonté séculaire,
Il prit une baguette et l'arracha ; son corps
Put y peser en vain, et malgré ses efforts
Elle ne ploya pas. La baguette légère,
Pleine de Bien aussi, comme l'arbre son père,
Aurait brisé d'un coup tous les arbres du Mal,
Et ne redoutait rien du boiteux infernal,
Car sa force éternelle était assez profonde
Pour qu'elle eût, sans fléchir, pu supporter le monde !

« Ah ! s'écria Satan, vaincu ! partout vaincu !
« Et faut-il donc, hélas ! avoir autant vécu,
« Pour le voir triompher, plein de gloire et d'extase,
« Ce Seigneur de vertu dont la force m'écrase. »

Puis, dévorant tout bas sa haine et son affront,
Entre ses maigres mains il reposa son front !

Pendant qu'il était là, songeur et solitaire,
Il entendit soudain une musique austère
Et des voix qui chantaient ; alors son front maudit
Se redressa. Voici les mots qu'il entendit :

« Le peuple m'entourait, farouche,
« Et m'insultant à pleine bouche,
    « Crachait sur moi!
« Et la foule désordonnée
« Par les cheveux m'avait traînée,
« Criant : Elle a trahi la loi!

« J'étais pâle, pleurante et folle ;
« Je tremblais à chaque parole
    « Qui me frappait;
« Mon âme était désespérée;
« Et ma tunique déchirée
« De mes bras meurtris s'échappait!

« Quand je vis Jésus face à face,
« Il était debout sur la place ;
   « Je crus alors
« Que j'étais tout à fait perdue,
« Et que la foudre descendue
« Allait pulvériser mon corps !

« Il écouta, froid et paisible,
« Leur accusation terrible,
   « Le front penché,
« Puis il dit, levant sa paupière :
« Qu'il jette la première pierre,
« Celui qui n'a jamais péché ! »

« Aux mots de sa bouche charmante,
« Tous avaient fui, pleins d'épouvante,
   « Cachant leurs yeux ;
« Et lui, s'inclinant sur le sable,
« Traçait l'arrêt ineffaçable
« Qui venait de m'ouvrir les cieux !

« Sa parole au ciel est montée,
« Et sur ses ailes m'a portée
   « Vers le Dieu Bon !
« Et, comme autrefois près du temple,
« Incessamment je Le contemple,
« Plein de tendresse et de pardon ! »

La voix avait cessé de chanter son cantique ;
Alors on entendit, ainsi qu'un chœur mystique,
Des voix qui s'écriaient : « Hosannah ! Gloire à Dieu !
« Sur terre et dans le ciel ! en tout temps, en tout lieu !
« Lui seul est éternel ! »

     Une voix forte et mâle
Reprit un nouveau chant ; un coq, par intervalle,
Glapissait et semblait l'accompagner de loin,
Et le Diable écoutait accroupi dans un coin !

« J'ai frappé par l'épée,
« La nuit, dans le sombre jardin,
« Où sur Lui Judas mit la main,

« Où l'herbe par ses pleurs avait été trempée,
« Où les soldats vêtus d'airain
« L'avaient poussé, pâle et serein,
« Au sein de leur foule attroupée !

« J'ai frappé par l'épée !

« Je suivis d'un pas lent,
« A travers la foule accourue,
« Celui qu'entrainait la cohue
« Pleine de glaives noirs et d'avenir sanglant ;
« Chacun lui disait : Anathème !
« Hélas ! les disciples qu'il aime,
« Couraient se cacher en tremblant !

« Je suivis d'un pas lent !

« La peur brisait mon âme !
« Pleurant notre Maître perdu,
« Je chauffais mon corps morfondu

« Au milieu des soldats assis près de la flamme ;
« Une servante dit soudain :
« — Tu suivais le Galiléen !
« Et le peuple écoutait la femme !

« La peur brisait mon âme !

« J'ai renié mon Dieu !
« Trois fois le monstrueux blasphème
« Est sorti de ma lèvre blême,
« Trois fois, lâche et transi, j'ai parjuré mon vœu !
« Annonçant la funèbre aurore,
« Le coq chantait ; il chante encore,
« Ainsi qu'autrefois près du feu !

« J'ai renié mon Dieu !

« Dans le temps et l'espace,
« Radieux de sérénité,
« Dieu m'a donné l'éternité !

« Le Seigneur est clément, rien jamais ne le lasse !
 « Il pardonne éternellement !
 « Malgré mon triple renîment,
 « Il m'a fait grâce ! Il m'a fait grâce !

  « Dans le temps et l'espace ! »

La voix se tut. Le coq encor pendant longtemps
Poussa ses cris aigus ; les échos éclatants
Les répétaient au loin. Une voix, la dernière,
Parlant avec des mots plus doux qu'une prière,
Sur un mode attendri plein de pleurs et d'amour,
S'éleva dans le ciel pour chanter à son tour !

 « J'étais la courtisane blonde !
 « Mes bras ardents aux voluptés,
 « Chargés d'or et d'iniquités,
 « S'ouvraient joyeux à tout le monde !

« Du lévite et du chamelier,
« Des jeunes et des vieux suivie,
« J'égrenais les jours de la vie
« Comme les perles d'un collier !

« Je l'aimai, le fils de Marie !
« Le plus beau des fils d'Israël !
« Le doux, le charmant, l'éternel !
« De Nazareth à Samarie
« Je le suivais marchant pieds nus,
« M'extasiant à sa parole,
« Et sentant, dans mon cœur frivole,
« Monter des troubles inconnus.

« Je l'ai suivi jusqu'au martyre,
« Allant par rochers et par monts,
« Essuyant de mes cheveux blonds
« Ses pieds las parfumés de myrrhe ;

« Lorsque nul ne le secourut,
« Lorsqu'il s'envola de sa tombe,
« Doux et blanc comme une colombe,
« Ce fut à moi qu'il apparut !

« Longtemps pleurante et solitaire,
« Mangeant du pain, buvant de l'eau,
« Dans un trou noir comme un tombeau,
« Et dormant sur la froide terre,
« J'ai, pendant les nuits et les jours,
« Regretté sans repos ni trève
« Celui que je voyais en rêve,
« Et que mon cœur aimait toujours !

« Ainsi qu'un métal par la flamme
« Mon cœur par lui fut épuré ;
« Plus tard sous le ciel azuré
« Il attira vers lui mon âme !

« Et je passe à le contempler
« Mon éternité bienheureuse,
« Goûtant l'ivresse savoureuse
« Que rien ne pourra plus troubler ! »

La voix ne parla plus ; on entendit les anges
Heureux et prosternés, qui disaient les louanges
Du Seigneur de Bonté sur qui rien ne prévaut
Et chantaient : Hosannah ! gloire ! gloire au Très-Haut !

III

Le Diable se leva, crispant sa lèvre pâle,
D'où sortait un soupir aussi profond qu'un râle ;
Sur sa poitrine frêle il croisa ses deux bras,
Et, fronçant les sourcils, il murmura tout bas :

« Eh quoi ! la Madeleine et la Femme adultère
« Sont ici, dans le ciel, à côté de ce Pierre
« Qui renia son Dieu ! Mais alors, à quoi bon,
« Si tout crime d'en bas trouve en haut son pardon ;
« Si les plus grands pécheurs accablés sous leurs fautes
« Du paradis serein sont devenus les hôtes ;

« S'il n'est pas d'actions, de hontes, de forfaits
« Qui ne puissent enfin trouver ici la paix ;
« Mais si dans sa bonté Dieu n'est pas épuisable ;
« Si, de son trône, il tend la main à tout coupable,
« Si, de son indulgence embrassant l'avenir,
« Il veut tout pardonner et ne jamais punir,
« A quoi bon conserver cet enfer inutile
« Où je suis chaque jour plus triste et plus débile ?
« Ne pas combler l'abime, éteindre tous ses feux
« Et loger les damnés parmi les bienheureux ?
« Dois-je donc seul subir une peine éternelle ?
« Si je renferme en moi la dernière étincelle
« Du mal, si dans mes flancs brûlent des feux maudits,
« Faites couler sur moi les eaux du paradis,
« Dans vos fleuves, Seigneur, engloutissez mes flammes ;
« Laissez ma lèvre en feu toucher à vos dictames,
« Laissez votre bonté sur mon cœur s'entr'ouvrir !
« Exaucez-moi ! Je veux mourir ! je veux mourir ! »

Et frappant de son front la terre étincelante,
Le Diable agenouillé tendait sa main tremblante

Vers le Dieu de pardon qu'il invoquait ici
En tressaillant d'effroi ; puis il priait ainsi :

« Je ne veux plus lutter ! La lutte est impossible,
    « Seigneur ! j'ai trop vécu !
« Vous êtes, ô mon Dieu ! vous, le Bien invincible,
    « Je suis le Mal vaincu !

« Depuis les jours lointains engloutis dans l'espace
    « Où j'élevai la voix
« Contre votre grandeur, je vous demande grâce
    « Pour la première fois !

« Je veux mourir aussi pour finir la torture
    « Qui dévore mon cœur !
« Seigneur, ayez pitié de votre créature,
    « O Dieu, toujours vainqueur !

« Laissez-moi reposer dans une mort profonde,
    « Triste, faible, adouci !
« Je suis bien harassé d'être toujours au monde,
    « Je veux dormir aussi !

« Donnez-moi ! donnez-moi cette mort que j'envie,
   « Las de l'éternité !
« Je m'incline en priant, reprenez-moi la vie,
   « O Seigneur de bonté !

« Ne me repoussez pas, ô Père que j'implore,
   « Et daignez m'affranchir !
« Je me courbe bien bas, bien bas, plus bas encore,
   « Afin de vous fléchir !

« D'un pli de votre front, d'un coup de votre foudre,
   « D'un regard de vos yeux,
« Oh ! faites que je meure et que je tombe en poudre
   « A la face des cieux.

« Soyez clément et doux, et levez l'anathème
   « De l'ancien jour fatal,
« Car je vous dis ici, moi qui suis le Mal même,
   « Délivrez-moi du Mal ! »

Le Diable s'inclinait, espérant le tonnerre
Qui devait l'écraser et le mettre en poussière !

Tout à coup il sentit que des parfums puissants
Se répandaient dans l'air comme des flots d'encens ;
Sur leur tige, en tremblant, les roses se penchèrent ;
La terre tressaillit ; les fleuves murmurèrent
Plus doucement ; la voix du vent dans les roseaux
Sembla se marier avec la voix des eaux ;
Tout souriait ; l'azur éclata de lumière ;
On entendit partout comme un chant de prière
Qui sortait lentement des arbres verdoyants ;
Dans le ciel interdit les astres flamboyants,
Attentifs et charmés, suspendirent leurs courses ;
Les longs ruisseaux d'argent, retenus vers les sources,
S'arrêtèrent auprès de leurs bords ; les oiseaux
S'inclinaient sans chanter au-dessus des rameaux ;
Les beaux insectes d'or se cachèrent sous l'herbe ;
Un cantique charmant comme la voix du Verbe
Retentissait au loin, et dans les plis du ciel
On vit paraître en feu le Triangle éternel !

On entendit alors une voix pénétrante ;
Plus douce qu'un soupir, plus forte et plus vibrante

Que le cri d'un lion, cette voix résonna,
Et les mondes surpris crièrent : Hosannah !
Le Diable épouvanté soulevait son oreille
Aux accents de la voix, car elle était pareille
A celle qui jadis sous la nue éclatant,
Au milieu des éclairs avait crié : Va-t-en !
Il la reconnaissait ; c'était la voix divine ;
Chacun de ses échos vibrait dans sa poitrine
Et frappait en passant sur son front ébranlé.

La voix parlait ainsi dans l'éther dévoilé :

« Tu t'es trompé, Satan, dans ton orgueil superbe,
« Ta vie est en mes mains plus faible qu'un brin d'herbe ;
« Inutile, affaibli, décrépit, méconnu,
« Tu n'as plus rien à faire et ton jour est venu !
« Tu demandes la mort en prosternant la tête,
« Il n'en est pas besoin, la mort est déjà prête ;
« Elle habite ton cœur, elle habite tes os,
« Elle va te coucher enfin dans le repos !

« Peut-être avais-tu cru, dans ta folle pensée,
« Que de l'Éternité ton âme menacée
« Ne trouverait jamais la mort en son chemin
« Et que tu survivrais à tout le genre humain ?
« Non, tu devais mourir ; car, mortel par essence,
« Le Mal doit chaque jour perdre de sa puissance
« Jusqu'au moment heureux où, vieux, flétri, défait,
« Il languit sans vigueur et s'éteint tout à fait !
« Seul je suis éternel, car je suis la Clémence,
« Je suis le Vrai, le Bien, le Beau, l'Amour immense !
« Seul je suis toujours jeune et toujours renaissant,
« Rien ne peut m'amoindrir, tout me fait plus puissant !
« J'ai fait monter vers moi ta prière en délire,
« Pour écouter ta voix, lorsque tu m'osais dire :
« Suis-je donc éternel ? Non, non, tu ne l'es pas !
« Tu ne le fus jamais ! et chacun de tes pas
« T'a conduit vers la mort, suprême délivrance
« Que ma compassion gardait à ta souffrance !
« C'est bien ! Tu vas mourir ! Celle que tu perdis,
« Et qui par toi, serpent, tomba du paradis,
« Va venir rajeunie, éblouissamment belle,
« Pour poser son talon sur ta tête rebelle !

« Mon antique promesse alors s'accomplira
« Et pour toujours aussi Satan s'endormira ! »

Hosannah ! hosannah ! chantaient les vastes mondes,
Reprenant en concert leurs courses vagabondes ;
Hosannah ! s'écriaient les eaux, le ciel, les bois ;
Et le Diable pleura pour la première fois !

Il s'élança debout, le front haut, l'œil humide,
Aspirant l'air puissant de sa narine avide,
Entr'ouvrit ses deux bras dans un suprême effort
Et s'écria joyeux :

    « Sois bienvenue, ô mort !
« Presse-toi ! Presse-toi ! grande consolatrice,
« Toi, qui levant sur moi ta main libératrice,
« Viens effacer le mal dont je suis accablé
« Et rompre la souffrance où mon cœur est scellé !
« Je suis prêt ! je suis prêt ! Satan ne veut plus vivre !
« A ton sein fécondant, ô mère, je me livre !
« Viens me donner ici ton baiser maternel !
« Gloire à Dieu ! Gloire à Dieu ! Lui seul est éternel ! »

Et puis il s'étendit comme un mort dans sa bière,
Les bras le long du corps, couché sur la poussière,
Regardant le ciel bleu d'un œil purifié
Et criant aux échos son chant extasié :

« Mon existence est terminée !
« Voici ma dernière journée !
« Je vais me reposer enfin !
« Je vais donc mourir comme un homme !
« Et dormir aussi le long somme,
« Le somme sans réveil ni fin !

« Enfin ! L'humanité joyeuse,
« Suivant sa route radieuse,
« Ne craindra plus à tous moments
« De voir le Mal féroce et lâche
« Jeter au-devant de sa tâche
« Ses promesses et ses tourments !

« Donnez repos et joie aux âmes !
« Éteignez, éteignez mes flammes !
« Que Satan soit mort désormais !
« Comblez l'enfer ! comblez le gouffre !
« Desséchez mes fleuves de soufre
« Et fermez l'abîme à jamais !

« O Péchés capitaux ! ô Guerre !
« O Misère ! ô Faim ! qui naguère
« Ployant l'homme sous votre loi,
« Le poussiez, envieux et blême,
« Au fond du sinistre problème ;
« Mes enfants, mourez avec moi !

« Chassez le Doute et l'Épouvante !
« Laissez régner la Loi Vivante,
« La Loi qui dit : Je suis le Bien !
« Fermez à jamais l'anathème !
« Que toute bouche dise : J'aime !
« Que chaque bras soit un soutien !

« Gloire à la Bonté souveraine,
« Qui maintenant brise ma chaîne !
« Si tes bras sont prêts à s'ouvrir,
« O Mort ! accours prendre ta proie !
« Gloire à Dieu ! Mon âme est en joie,
« Je vais mourir ! je vais mourir ! »

Satan ne parlait plus ; sa poitrine râlante
Secouait en soufflant sa tête chancelante ;
La mort venait vers lui !

      Cependant sous les cieux
Qui tournaient lentement sur leurs vastes essieux,
Les chérubins ravis pleins de saintes extases,
Chantant avec amour de douces paraphrases,
Dans leurs trompettes d'or avaient sonné sept fois
Aux coins de l'horizon. Au son des grandes voix
Qui sortaient en vibrant des trompettes sonores,
On vit passer dans l'air, comme des météores,
Quatre anges qui volaient emportés par le vent
Vers le nord, le midi, l'ouest et le levant !

Et le Diable sentait une sueur suprême
Qui coulait sur ses yeux et baignait son front blême !

Alors des profondeurs de l'azur introublé,
Dans le gouffre sans fond de l'abîme voilé,
On entendit bruire, ainsi qu'un flux de houle,
Le murmure confus d'une effroyable foule ;
Des clameurs s'élançaient sous l'immense horizon,
Et l'on vit un spectacle à perdre la raison :
L'univers accourait pour voir mourir le Diable.

La masse s'avançait, énorme, formidable,
Agitant ses flancs noirs, toujours, encor, sans fin !
En tête, le premier, marchait le genre humain :
Lapons aux gras cheveux, nègres de Cafrerie,
Hommes de tout soleil et de toute patrie,
Indiens au nez troué, Namaquois, Esquimaux,
Peuples allant tout nus, peuples couverts de peaux,
Mongols et Bedouins, Samoyèdes, Tartares,
Peuples civilisés et peuplades barbares ;

Arabes qui jamais n'ont quitté les déserts,
Noirs de l'Abyssinie, Islandais aux yeux verts,
Chrétiens, mahométans, adorateurs d'idoles,
Juifs marmottant tout bas de sinistres paroles,
Chinois au front rasé, Slaves aux cheveux roux,
Scandinaves hardis, Scythes, Germains, Hindous,
Zélandais tatoués, Japonais aux mains jaunes,
Mendiants aux pieds nus, rois fatigués des trônes,
Pauvres, heureux, chétifs, grands, petits, noirs et blancs,
Coupables, vertueux, rassurés ou tremblants,
Tous étaient accourus aux sons de la trompette,
Et marchaient en levant leur paupière inquiète.

Derrière eux, mugissant, barissant, reniflant,
Hurlant, soufflant, bramant, pépiant et sifflant,
Avec un bruit plus sourd que celui du tonnerre,
Venaient les animaux. L'air, la mer et la terre
Avaient envoyé là leurs habitants troublés,
Dont les pieds résonnaient sur les monts ébranlés :
Béhémoth, oiseau rock, léviathan superbe,
Buprestes d'émeraude abrités d'un brin d'herbe,

Lions au mufle noir, chamois aux pieds certains,
Ornithorhynques fous, tigres aux bonds lointains,
Rhinocéros vêtus de leurs triples cuirasses,
Flamants roses montés sur leurs hautes échasses,
Tatous cerclés d'écailles, aigles puant le sang,
Buffles noirs et velus au beuglement puissant,
Girafe au dos penché propice aux escalades,
Chimpanzés grimaçant et marchant par gambades,
Esturgeons monstrueux, effroyables requins,
Caïmans d'Amérique et serpents africains,
Sautaient, volaient, rampaient, plus bruyants qu'une trombe.
Tu venais là première, ô charmante colombe,
Avant le sombre orfraie et l'agile épervier,
En tenant dans ton bec le rameau d'olivier.

Puis les arbres, marchant sur leurs grandes racines,
Venaient ensuite : ormeaux, chênes, cristes-marines,
Cèdres inébranlés, goëmons toujours verts
Où les monstres ventrus rampent les yeux ouverts,
Paquerette des champs, mancenilliers difformes,
Tali-pat centenaire aux feuillages énormes,

Elégants mimosas, mousse pure des bois,
Roseaux que font plier les biches aux abois,
Blancs bouleaux, sapins noirs, lianes verdoyantes,
Cactus cruels ornés d'aigrettes flamboyantes,
Baobabs étalant près d'eux leurs rejetons,
Longs pampres vigoureux suspendus en festons,
Bananiers entr'ouvrant leurs larges feuilles lisses,
Palmiers chargés de fruits, lotus aux bleus calices,
Vous avanciez aussi comme un peuple mouvant,
Avec vos grands rameaux balancés par le vent!

Après eux, apportés comme par un orage,
Venaient les minéraux : Sables pleins de mirage,
Marbres du Pentéli, granits de Sennaar,
Rubis couleur de sang, opales, réalgar,
Cuivre du mont Oural, fer de la Sibérie,
Rochers toujours lavés par la mer en furie,
Diamants du Brésil, silex étincelants,
Cailloux des grands chemins, platine aux reflets blancs,
Bitume parfumé qui garde les momies,
Laves en fusion par les volcans vomies,

Or fauve qu'en leurs eaux roulent les fleuves purs,
Arrivaient en choquant entre eux leurs membres durs.

Derrière eux, tout au fond, dressant leurs vertes têtes,
Bondissants, éperdus, comme dans les tempêtes
Lorsqu'ils ont déchaîné leurs flots sous le ciel noir,
Les larges océans se levaient pour mieux voir !

Dans le ciel, au-dessus de ces masses profondes,
Rassemblés dans l'azur immuable, les mondes,
Saturnes couronnés, satellites vermeils,
Astres d'or et de feu, planètes et soleils,
Comètes en voyage, aurores boréales,
Lunes au froid aspect et nébuleuses pâles
Regardaient.

  Auprès d'eux les anges suspendus,
Immobiles, tenaient leurs bras blancs étendus !

Quand la création fut ainsi réunie,
Remplissant à grands flots l'étendue infinie,
L'immensité sans borne et l'espace incertain,
Du haut du ciel heureux on vit un chérubin
Une dernière fois sonner de la trompette ;
Le silence se fit, et la foule muette
Abattit d'un seul coup son murmure et ses cris.

Le Diable qui râlait, immobile et surpris,
Regardait cette foule et disait à voix basse :
« Seigneur ! ayez pitié de moi ! faites-moi grâce ! »

Tout à coup sous le ciel et parmi des rayons,
On vit paraître au loin deux blanches visions.
Etaient-ce deux Jésus, deux anges ou deux âmes
Qui s'approchaient ainsi sous un nimbe de flammes,
Plus beaux, plus éclatants, plus doux, plus gracieux,
Plus grands, plus parfumés, plus forts, plus radieux
Que ces esprits charmants que l'on voit dans un rêve ?
Non ! l'un c'était ADAM, et l'autre c'était EVE !

Non pas ces deux époux consternés et fuyant
Sans détourner leurs yeux effarés, essuyant
La sueur d'épouvante à leur face livide,
Et tombés en pleurant sur l'univers aride;
Non pas les apostats, non pas les deux maudits
Que Jéhovah vengeur chassa du Paradis;
Non! mais l'Adam nouveau! Non! mais l'Eve nouvelle!
Revêtus tous les deux de la force éternelle!
Grandis, purifiés, immuablement beaux,
Vertueux à jamais, et l'un à l'autre égaux!

On entendit alors parler dans le silence
La voix; elle disait:

« Ta mission commence,
« O femme! car c'est toi seule qui dois enfin
« Ecraser sous ton pied la tête du Malin!
« Ecoute-moi! Jadis, au temps de la Genèse,
« Quand tout germait encor, quand tu marchais à l'aise
« Dans ta beauté charmante et dans ta pureté,
« Par le serpent menteur ton esprit fut tenté;

« A l'arbre défendu tu détachas la pomme !

« Tu fis alors, ô femme, entrer le Mal dans l'homme,

« Et les instincts mauvais s'amassèrent en lui.

« Sous les arbres ombreux en vain vous aviez fui ;

« En vain vous trembliez tous les deux, mon tonnerre,

« Criminels et maudits, vous jeta sur la terre.

« Alors les durs travaux, les désespoirs, les pleurs,

« Les longs enfantements au milieu des douleurs,

« L'incessante sueur coulant sur le visage,

« Les maux, la faim, les cris devinrent ton partage ;

« Tu souffris, tu pleuras, les deux mains sur ton front !

« L'homme toujours courbé vers le sol infécond,

« Vengeant sur toi le mal qui torturait son être,

« Te mit en esclavage et s'appela ton maître

« En brisant de sa main tes efforts superflus :

« C'est bien ! ces jours sont loin ; ils ne reviendront plus.

« Sous l'anathème dur fléchissant ton épaule,

« Tu relevas ton cœur et tu choisis ton rôle ;

« En ton âme la foi n'avait jamais dormi ;

« Sans cesse combattant ton ancien ennemi,

« Tu voulus le tuer ; épouse, mère et fille,

« O femme, tu devins l'ange de la famille,

« Et sans jamais faiblir, dans l'homme encor brutal
« Par ta douce bonté tu détruisis le mal.
« Epouse, tu savais, sous l'époux asservie,
« Eloigner les cailloux du chemin de sa vie,
« Prendre son front lassé dans tes deux bras aimants,
« Et chasser de son cœur les découragements.
« Mère, de tes enfants esclave intelligente,
« Rien n'a pu ralentir ton ardeur diligente,
« Et ton doigt étendu vers l'avenir lointain
« Leur montrait la Vertu comme un but souverain.
« Fille, vers les vieillards en proie aux agonies,
« Qui mouraient en pleurant leurs plaintes infinies,
« Penchant avec amour ton front charmant et fort,
« Tu sus leur adoucir les affres de la mort.
« De grâce et de pardon incessante ouvrière,
« Brisant partout, toujours, la force meurtrière
« Du Diable, le suivant, le traquant pas à pas,
« Il va mourir enfin, ne t'en étonne pas !
« Dans l'homme chaque fois, douce consolatrice,
« Que ta main détruisait une douleur, un vice,
« Ce Diable que tu crains perdait une vertu
« Et sentait s'affaiblir son pouvoir abattu.

« C'est en vain que pour vivre il luttait sans relâche,
« Tu l'as tué dans l'homme, achève ici ta tâche,
« Mets ton pied sur sa tête, et la création
« Chantera l'hosannah de bénédiction ! »

La femme s'avança, pâle, tremblante, émue,
Défaillante. Satan, que l'angoisse remue,
En voyant s'approcher l'Eve du premier jour,
Sentit une lueur, dernier rayon d'amour,
Adieu suprême et doux, glisser sous sa paupière !
La femme contemplait, dans la pleine lumière,
Avec un sentiment d'ineffable pitié,
Son antique ennemi, pantelant, châtié,
Et qui, vaincu, devait enfin mourir par elle.
Des larmes de pardon brillaient à sa prunelle ;
Une larme coula de son œil éperdu
Et tomba sur Satan, à ses pieds étendu ;
Satan cria : Merci ! Le jeune talon rose
Se lève lentement et sur son front se pose,
Vengeur plein de douceur, de grâce et de pardon !
Eve fermait les yeux : Satan fit un seul bond,

Ne poussa qu'un seul cri, dernier mot de prière,
Et comme foudroyé, disparut en poussière !

Alors chacun cria dans un immense chœur :
« Il est mort ! il est mort ! Gloire ! gloire au Seigneur ! »
Puis chacun défila devant cette dépouille,
En y jetant son mal : le fer jeta sa rouille,
Le serpent son venin, l'euphorbe ses poisons,
La femme ses terreurs, l'homme ses trahisons ;
Le ciel jeta ses feux que dans la nue il cache,
Le soldat son épée et le bourreau sa hache,
Et bientôt, à l'endroit où le Diable expira,
Un tumulus énorme et sans fin s'éleva,
Qui par delà les cieux dressait sa haute cime
Où s'était entassé tout forfait et tout crime.

Sous la voûte des cieux brillants d'azur et d'or,
La voix du Tout-Puissant se fit entendre encor :

« Vous êtes maintenant délivrés ! disait-elle ;
« Allez et grandissez, humanité nouvelle !
« Cherchez le Bien, le Vrai, le Beau, l'Amour pour tous !
« L'avenir vous attend et le monde est à vous ! »

Et puis, comme chacun s'inclinait vers la terre
Extasié, priant, baissant un front austère,
On entendit un bruit terrible, à tout courber :
C'était l'arbre du Mal qui venait de tomber !

Mai 1856.

LIVRE TROISIÈME

CONFIDENCES

I

LA MAISON DÉSERTE

> Puisse avenir, qu'une fois je me vange
> De ce penser, qui dévore mon cœur,
> Et qui toujours, comme un lion veinqueur,
> Sous soi l'étrangle, et sans pitié le mange.
>
> Ronsard.

Sur les pans crétacés de la morne colline
La déserte maison contre un rocher s'incline.
La fenêtre est sans vitre, et, sur ses gonds rouillés,
La porte bat les murs aux plâtras écaillés ;
Le chaume, dévoré par les mousses sauvages,
S'envole au gré des vents quand soufflent les orages ;

Les degrés descellés, renversés sur le seuil,
Disparaissent cachés par les lichens en deuil ;
Sous l'haleine du temps, la basse cheminée,
Pierre à pierre, le long du toit s'est égrenée ;
Les euphorbes croissant auprès de la maison,
Comme une lèpre impure ont rongé le gazon ;
Les oiseaux semblent fuir loin de cette demeure
Près de laquelle, hélas ! rien ne rit et tout pleure !

Dedans, c'est plus affreux ; les humides pavés
Répandent autour d'eux, par leurs bords soulevés,
Le parfum neutre et froid des blanches moisissures ;
De larges trous rugueux, comme des flétrissures,
Effondrent les parois et marquent le plafond ;
Les meubles sont brisés, et dans l'âtre profond
L'eau du ciel a coulé par longs ruisseaux de pluie
Qui maculent le sol et que le vent essuie ;
Nul homme n'oserait s'approcher de ce lieu
Sur qui semble planer la colère de Dieu ;
C'est noir, triste et navrant ; toute décrépitude
Paraît assise au seuil de cette solitude !

Au milieu des débris, seul un hibou hagard,
Lançant par ses yeux d'or un sinistre regard,
Accroché de la griffe à ces murs redoutables,
Redit, sans se lasser, ses plaintes lamentables!

Ecrasé, désolé, terne et sans horizon,
Le cœur est bien souvent comme cette maison ;
C'est le vide, le deuil et la désespérance ;
Dehors pas de soleil, au dedans la souffrance,
Partout la nuit profonde, et pour seul habitant,
Quelque vieux souvenir qui chante en sanglotant!

Avril 1856.

II

OU DONC ?

———

> Homme, la saison de ta migration n'est
> pas encore venue.
>
> Chateaubriand.

Connaissez-vous, vertes Océanides,
Vous qui nagez dans les océans bleus,
Vous qui dormez sous les grottes humides,
Sur des fucus moins longs que vos cheveux ;

Vous qui chantez de vos voix indécises
Ces chœurs lointains, paisibles et charmants
Qui, chaque soir, sur les ailes des brises
S'en vont mourir vers les grands bois dormants ;

Connaissez-vous, reines des coquillages,
Des durs coraux et des Tritons squameux,
Vous dont le pied foule toutes les plages,
Les antres frais et les rochers brumeux ;

Vous qui courez de l'équateur aux pôles,
Parlant d'amour aux oiseaux voyageurs,
Et qui fendez de vos blanches épaules
Les flots couverts par les algues en fleurs ;

Vous qui, perçant l'horizon de nos rêves,
Levez au ciel vos yeux étincelants,
Vous dont le souffle amène vers les grèves
Les naufragés aux cheveux ruisselants ;

Connaissez-vous sur la mer sans limite,
Vers le pays des désirs éperdus,
Aux régions que nul homme n'habite,
Bien loin du monde et sous des cieux perdus ;

Connaissez-vous une terre propice,
Un vallon pur, un horizon vermeil,
Une île, un port, un rocher où je puisse,
En liberté, vivre seul, au soleil?

'Mai 1857.

III

L'ENCLOS

> Hélas! le bon temps que j'avoye!
>
> Martial de Paris.

J'avais cinq ans; j'étais un enfant pâle et frêle;
Ma mère me tenait abrité sous son aile,
Toujours faible et souffrant, par miracle élevé;
L'esprit déjà perdu parmi des rêveries
Qui portaient ma jeune âme entre leurs mains fleuries,
Vers les images d'or d'un songe inachevé.

Nous habitions alors — oh! la belle demeure,
Depuis je n'en ai pas rencontré de meilleure —
Une vaste maison dans un quartier lointain,
Avec sa large cour verte de folles herbes
Et son étroit jardin rempli de fleurs en gerbes
Que le soleil levant éclairait le matin.

J'étais là plus heureux qu'un oiseau hors de cage ;
Sans frère, sans amis et tout seul de mon âge,
N'ayant pour compagnon qu'un gros chien assez doux,
Qui ne montrait pas trop ses gencives vermeilles
Lorsque je lui tirais la queue ou les oreilles ;
Le sucre était, du reste, en commun entre nous !

Quand j'avais épelé ma leçon de lecture,
Lorsque j'avais fini ma page d'écriture,
Quand j'avais récité ma fable en ânonnant,
La libre clef des champs m'était alors donnée,
Mon travail était clos et j'avais la journée
Pour courir sans contrainte au soleil rayonnant.

Ce que j'aimais le mieux dans tout ce beau domaine
Où s'épanouissait mon enfance sereine,
Sans pédagogue dur, sans professeur blémi,
N'ayant d'autres leçons que celles de ma mère,
Ce n'était pas la cour, ni ses talus en terre,
Ni le petit jardin, ni le chien mon ami;

C'était un grand enclos, désert et sans culture,
Abandonné sans soins au gré de la nature,
Où jamais jardinier, bêche en main, ne passait,
Entouré par des murs décrépits de vieillesse,
Herbu, fourré, charmant et rajeuni sans cesse,
Où magnifiquement tout germait et poussait!

Chaque année, au printemps, les jaunes ravenelles,
Se hâtant d'étaler leurs corolles nouvelles,
A côté des lichens au feuillage traînant,
Des sauvages fraisiers, des mousses d'émeraude,
Où la bête à bon Dieu vole, se pose et rôde,
Jetaient sur les vieux murs un manteau frissonnant,

Les brillants boutons d'or, les pâles véroniques,
Les coquelicots durs aux sanglantes tuniques,
Les églantiers nouveaux, les bluets constellés,
La haute digitale et les blanches orties,
Comme un vaste bouquet fait de fleurs assorties,
Souriaient au soleil sous les cieux dévoilés !

Les buprestes dorés, les lestes libellules
Secouaient les grelots des hautes campanules,
En traçant dans les airs leur vol aventureux ;
Un sureau, dans un coin, laissait pendre ses branches
Que regardaient d'en bas les yeux bleus des pervenches,
Et sur qui les oiseaux venaient causer entre eux !

Souvent je me suis cru transporté, loin du monde,
Dans les jardins joyeux d'une planète blonde,
Sous un azur nouveau, calme, riant et doux ;
Et, comme un Robinson dans son île déserte,
J'allais seul et pensif dans la grande herbe verte,
Dont les tiges montaient plus haut que mes genoux !

Parfois je me couchais sur les feuilles fanées
Que du fond du jardin on avait amenées,
Etendu sur le dos et le front vers les cieux,
Je faisais clignotter mes paupières mi-closes
Et me réjouissais des belles couleurs roses
Dont brillait le soleil en regardant mes yeux.

Tout m'était un bonheur : les mouches butinantes
Qui volaient en chantant leurs chansons bourdonnantes,
Les lézards frétillants près de leurs trous ouverts,
Le doux roucoulement des blanches tourterelles,
Les nuages passant, le vol des hirondelles
Et le vent qui moirait les larges gazons verts.

J'arrivais en tenant dans mes mains empressées
Un arc inoffensif, des flèches émoussées,
Faisant mes pas légers, m'arrêtant pour mieux voir,
Prenant au sérieux mon rôle de sauvage
Guettant les naufragés abordant à la plage,
Comme dans les récits qu'on me lisait le soir !

Je sentais dans mon cœur une force inconnue,
J'allais, courant au vent et la poitrine nue,
En jetant de grands cris qui heurtaient les échos ;
Ivre, j'oubliais tout ; souvent ma vieille Aimée
Répondait aux appels de ma mère alarmée :
« Le Petit est là-bas qui chasse dans l'enclos ! »

Un soir, je me souviens, un beau soir de décembre,
Pendant qu'un feu brillant pétillait dans la chambre,
Je descendis tout seul, curieux, enhardi,
Et j'allai dans l'enclos. La large lune pâle
Noyait de ses reflets d'améthyste et d'opale
L'invisible terrain sous la neige engourdi.

Il faisait clair et froid. Quelques rameaux de lierre
Se détachaient tout noirs de la muraille en pierre ;
Sur l'épais manteau blanc mes pieds marchaient sans bruit ;
De grands nuages gris, gonflés comme des voiles,
Voguaient rapidement au milieu des étoiles ;
Nul fracas ne troublait le silence et la nuit.

Je restais là debout, contemplant, immobile,
Sous la neige couché mon cher enclos tranquille
Dont les vagues clartés augmentaient la grandeur;
Mon cœur se remplissait d'une insensible crainte;
Un coup de vent passa, comme une longue plainte,
Et je m'enfuis bien vite en tremblant de frayeur!

— O souvenirs chéris de ma petite enfance,
Dans mon cœur attristé vous entrez sans défense,
Comme de vieux amis qu'on ne chasse jamais;
De vos doux entretiens j'ai gardé l'habitude,
Vous ne trompez pas, vous, et dans ma solitude
Vous savez me parler de tous ceux que j'aimais!

Quand mon front obscurci sur mes deux mains s'incline,
Quand mon cœur étouffé bat mal dans ma poitrine,
Quand mes yeux pleins de pleurs suivent à l'horizon
Un ami qui s'en va sans retourner la tête,
Quand le ciel se fait noir et lorsque la tempête
Ebranle en mugissant les murs de ma maison,

Pauvre soldat blessé d'une cause éternelle,
Lorsque je vois mon rêve effrayé fermer l'aile
Et revenir vers moi meurtri, pâle, abattu,
Alors vous arrivez émus et pleins de charmes,
Avec vos blanches mains vous essuyez mes larmes,
Et vos paisibles voix disent : « Te souviens-tu ? » —

Depuis ces temps lointains, songeur et solitaire,
D'un bout à l'autre bout j'ai parcouru la terre,
Cherchant de quoi calmer ce qui criait en moi,
Promenant, inquiet, mes tristes rêveries
A travers les chemins de toutes les patries,
Et demandant l'amour, l'espérance et la foi !

J'ai marché de longs jours dans le désert aride
Que Moïse frappa de sa verge rapide ;
J'ai reposé mon front sous les palmiers charmants
Qui mirent dans le Nil leurs feuilles ondoyantes
Et choquent dans la nuit leurs baguettes bruyantes
Lorsque le Khamsin passe avec ses hurlements !

J'ai dormi sous le toit des fellahs de Nubie ;
J'ai mouillé mes pieds nus aux golfes d'Arabie ;
Sous les azeroliers j'ai bu l'eau du Jourdain ;
Devant Jérusalem, où j'ai planté ma tente,
J'ai demandé le mot que le monde, en attente,
Depuis dix-huit cents ans espère encore en vain !

De Tyr et de Sidon j'ai fouillé la poussière ;
Près du lac Aspaltite, éclatant de lumière,
J'ai cherché les débris des impures cités ;
J'ai gravi du Liban les montagnes neigeuses ;
Près du fleuve Adonis, dans les nuits orageuses,
J'ai suivi les hérons par le vent emportés ;

Je suis resté longtemps à Bâlbek la romaine,
Interrogeant du doigt la ruine incertaine ;
A Damas, d'où j'ai vu partir les pèlerins
Pour les pays brûlants du sable et du mirage,
Enviant leur départ, leur radieux voyage
Et leur foi, saint espoir qui brûle aux cœurs sereins !

J'ai vu Beyrouth couchée en sa plaine fleurie,
— Beyrouth dont j'ai voulu faire un jour ma patrie ! —
Avec ses longs chemins escortés de cactus,
Ses hauts pins parasols, sa grève couronnée
Par tes larges flots bleus, ô Méditerranée !
Et ses ravins ombreux que baigne le Lycus.

Dans les palais chrétiens d'où Rhodes fut chassée,
Près des débris muets de Sardes renversée,
A Scio, qui jadis a vainement vaincu,
Près d'Éphèse qui gît le front caché sous l'herbe,
Sur les bords verdoyants du Bosphore superbe,
Attentif et charmé, j'ai pensé, j'ai vécu !

En Grèce, en Algérie, en Italie, en France,
Partout, toujours, traînant ma secrète souffrance,
J'ai marché sans pâlir, à tous bruits écoutant,
Regardant les grands bois, me couchant sur les plages,
Admirant au lointain verdir les paysages,
M'enivrant de soleil et d'azur, et pourtant

Lorsque je suis tout seul, affaibli, l'âme en peine,
Cherchant en vain de l'œil la lueur incertaine
Qui me guida souvent vers le paradis bleu,
Lorsque le front pensif et courbé vers la cendre,
Je regarde monter, voltiger et descendre
Les farfadets dorés qui dansent sur mon feu;

Lorsque, pour échapper aux réalités dures
Qui déchirent mon cœur de leurs âpres morsures,
J'appelle autour de moi mes souvenirs passés;
Lorsque je veux porter hors de toutes misères,
Dans le pays charmant qu'habitent les chimères,
Mes tristesses sans fin et mes rêves blessés;

Ce n'est pas le grand Nil vagabond et rapide,
Ce n'est pas le Désert à l'horizon limpide,
Ce ne sont pas non plus les lacs et les palmiers,
Ni les océans bleus, ni les hautes montagnes,
Ni le soleil couchant embrasant les campagnes,
Ni les bois de cyprès où chantent les ramiers,

Ni Sardes, ni Bâlbek, ni Tyr aux portes closes,
Ni Rome au cœur meurtri, ni les Parthénons roses
Qu'évoquent près de moi mes désirs éloquents ;
C'est un pays plus beau que bois, désert et grève,
Un pays assez grand pour contenir mon rêve :
L'enclos où j'ai couru lorsque j'avais cinq ans !

   Juillet 1856.

IV

ÉQUINOXE

> O mer ! que vous savez de lugubres histoires !
> Victor Hugo.

SONNET

Les arbres du jardin se courbent sous l'orage ;
J'entends craquer au vent les branchages froissés ;
La trombe emporte au loin les lilas dispersés ;
Les oiseaux interdits tremblent sous le feuillage ;

Tout frémit ; tout a peur ; la grêle à coups pressés
Comme des grains de plomb bondit sur le vitrage ;
L'ouragan gronde haut ; le tonnerre fait rage
Et se heurte en fracas dans les échos blessés ;

Ainsi que des guerriers sous une épaisse armure,
Les grands nuages noirs, avec un long murmure,
Lancent de blancs éclairs, rapides javelots ;

Ma petite maison, de sa base à son faîte,
Tressaille en gémissant aux chocs de la tempête !
— Seigneur, ayez pitié des pauvres matelots !

Avril 1856.

V

DIIS MANIBUS

―――

> La racine de mon cœur est morte
> et ne rejettera plus.
>> Henri IV.

I

Il était mon aîné de quelques mois à peine,
On nous avait couchés dans le même berceau,
Et nous étions partis pour la vie incertaine
Comme deux passagers sur le même vaisseau.

Ainsi qu'un bon génie en des jours légendaires
Sur nos fronts indécis l'amitié s'inclina ;
En naissant nous étions tous deux fiancés frères ;
Sa mère me berçait, mon père le sauva.

Quand nous avions cinq ans, nos deux âmes jumelles
Grandissaient en s'aimant d'un invincible attrait ;
Le sourire bien vite éteignait nos querelles,
Et c'était de beaux cris lorsqu'on nous séparait !

Quand nous avions quinze ans, lycéens indomptables,
Éloignés, mais unis par un désir constant,
Nous n'avions de souci, dans ces jours détestables,
Que de nous échapper pour nous voir un instant.

Quand nous avions vingt ans, ardents et pleins de fièvre,
Nous disant nos amours qui s'envolaient souvent,
L'espérance dans l'âme et le rire à la lèvre,
Nous jetions, sans compter, notre jeunesse au vent !

Plus tard, quand je fus seul, dans mes courses hardies,
Voyant les vieux pays où le passé croula,
Écoutant le désert chanter ses mélodies,
Que de fois j'ai crié : Pourquoi n'est-il pas là ?

Quand nous eûmes trente ans, debout au bord du rêve
Dont la porte d'azur allait enfin s'ouvrir,
Appuyés l'un sur l'autre et débordant de séve
Nous prîmes d'un seul pas la route à parcourir !

II

O cruauté des jours ! Amertume et tristesse !
O dureté du temps plus dure que la mort !
Ouragans qui chassez les naufragés du port !
O misère de vivre ! ô stupeur ! ô détresse !

O découragement! sacrilége et douleur!
De l'heure qui s'en va forces impitoyables,
Occultes volontés, mystères effroyables,
Vous m'avez, d'un seul coup, tout arraché du cœur!

Vous m'avez tout repris : mon rêve, mes chimères,
Mon espoir caressé de vieillir près de lui,
Le flambeau d'avenir qui jadis m'avait lui,
Et ce doux nom d'ami que murmuraient nos mères!

Vous m'avez tout repris et m'avez laissé seul,
Et je traîne à cette heure une vie indécise
Détournant mes regards de la terre promise,
Glacé comme un cadavre aux plis de son linceul!

Autrefois j'étais deux pour faire le voyage,
Aujourd'hui je m'en vais triste et sans compagnon,
J'écoute à tous les bruits, nul écho ne répond,
Je marche sans désir et combats sans courage!

Et pourtant, ô mon Dieu! pour vaincre le reflux
Des sombres océans qui barrent notre route
Je savais qu'avec lui ni terreur, ni déroute...
Tais-toi, tais-toi, mon cœur, nul ne t'entendrait plus!

III

Ah! quand j'aurai repris le bâton des voyages,
Quand j'aurai ceint mes reins pour ne plus revenir,
O sables! quand j'aurai dans vos ardents mirages
Enseveli vivant mon dernier souvenir!

Quand j'aurai secoué mes pieds sur la patrie,
Aux choses d'ici-bas quand j'aurai dit adieu,
Et quand je n'aurai plus dans mon âme meurtrie
D'autre espoir que de vivre assis sous le ciel bleu;

Quand on ne saura plus le nom dont je me nomme,
Quand je serai si loin que l'on me croira mort,
Quand, n'éveillant plus rien dans le cœur d'aucun homme,
En un dernier combat je défierai le sort;

Quand, courbé sous le poids des âpres lassitudes,
Jeune, mais accablé par des ennuis trop lourds,
Parcourant triste et seul les larges solitudes,
En moi j'évoquerai l'ombre des anciens jours;

Lorsque m'abandonnant, sans force et sans défense,
Au plaisir douloureux de reboire à longs traits
Le vin amer et doux des souvenirs d'enfance,
Tout plein de mes pensers que rien n'aura distraits,

Écartant d'un effort les ombres amassées,
Qui de leurs plis épais voileront ma raison,
Revivant au milieu des tendresses passées,
Je me retournerai vers mon propre horizon;

Ce que je reverrai dans ces heures de larmes,
Ce qui me parlera de sa plus tendre voix,
Ce qui m'apparaîtra tout jeune et plein de charmes,
Ce sera ton fantôme, ô frère d'autrefois!

24 mai 1857.

VI

DEVOIR

> Pour acquérir la gloire orageuse des lettres, il faut bien de la vertu et être prêt à sacrifier sa vie.
>
> BERNARDIN DE SAINT-PIERRE.

Non! malgré les douteurs, il ne faut pas nous taire,
Il ne faut pas faiblir en ces jours douloureux;
Il faut parler encore et, d'une voix austère,
Répéter sans repos nos hymnes valeureux!

On me dit : « Laisse-là ta folie inquiète,
« Tes rêves dangereux de vague liberté;
« Chante Ninon la brune ou la blonde Ninette,
« Le bon vin de l'automne et les brises d'été!

« Chante le gai printemps tout verdi d'espérance,
« Chante l'azur du ciel, la joie et les amours;
« Mais laisse-nous dormir en notre indifférence
« Et vivre sans souci dans la paix de nos jours! »

Hommes de peu de foi, votre parole est lâche!
Dans les heures de trouble où tout manque à la fois,
Le poëte est soldat, il accomplit sa tâche
Et marche hardiment sans fléchir sous le poids!

C'est son droit, son devoir et sa mission sainte!
Il prend le grain de vie et le sème en tout lieu,
De vos lourds préjugés il renverse l'enceinte,
Et vouloir l'arrêter c'est insulter à Dieu!

Allez à vos plaisirs! Allez à vos maîtresses!
Faites de longs repas, choquez vos verres pleins,
Dormez sur l'oreiller des impures ivresses
Et célébrez en chœur Lisette aux yeux malins!

Nous, chercheurs indomptés, quêtant sans paix ni trêves,
Pendant que vous chantez la joie à grands éclats,
Tristement enfermés au dedans de nos rêves,
Nous épelons le mot qui ne vous trouble pas;

Et quand on nous surprend dans notre rêverie,
L'œil immobilisé sur les cieux éclatants,
Et qu'on nous dit, riant d'un air de raillerie :
Que faites-vous donc là? Nous répondons : J'attends!

Riez, haussez l'épaule, aiguisez l'ironie,
Parlez du bon vieux temps, appelez-nous des fous;
Allez, démuselez mensonge et calomnie,
Notre front est trop haut pour être atteint par vous !

Nous sentons s'agiter dans nos jeunes poitrines
Un courage sans nom pour enseigner le bien,
Pour verser le lait pur des vaillantes doctrines
Et demander à Dieu le but et le moyen!

Tant que des nations au front pâle, aux yeux caves,
— Ton reproche vivant, ô lâche humanité ! —
Se dresseront vers nous, levant des bras esclaves,
Et diront en pleurant : Patrie et Liberté !

Tant que sur son trépied, qu'une torche illumine,
La Guerre trônera, gardant à ses côtés
Ses sinistres enfants, Banqueroute et Famine,
Et versera sur nous ses meurtres détestés ;

Tant que près de ce luxe où notre siècle sombre,
L'honnête homme, luttant dans un dernier combat,
Sentira se fermer le sort lugubre et sombre ;
Tant qu'un pauvre criera de faim sur son grabat ;

Tant que les doux rêveurs conspués par la foule
Graviront le calvaire en ployant sous la croix,
Tant que la multitude, immonde flot qui roule,
Sous ses folles clameurs étouffera leur voix ;

Tant que, pour repousser l'engageante infamie,
L'humble se couchera vivant dans son linceul.
Sans daigner violer la fortune ennemie ;
Tant qu'on verra debout un seul abus, un seul !

Tant que, tout ébloui des choses éphémères,
L'homme s'avancera honteux et trébuchant,
N'est-ce pas, n'est-ce pas, ô poëtes, ô frères !
Que nous parlerons haut à ce monde méchant ?

Novembre 1857.

VII

CONTE DE FÉES

—

> Alors, comme la fin de l'enchantement était venue, la princesse s'éveilla ; et le regardant avec des yeux plus tendres qu'une première vue ne semblait le permettre : Est-ce vous, mon prince ? lui dit-elle : vous vous êtes bien fait attendre.
>
> PERRAULT.

Je sais une belle princesse
Qui sommeille en son château fort ;
Depuis bien longtemps elle dort
Et quoiqu'on l'appelle sans cesse

Elle n'ouvre jamais les yeux;
Si ses paupières toujours closes
Soulevaient leurs doux rideaux roses,
On verrait un regard plus brillant que les cieux!

Dans le brocart elle est couchée
Sur un oreiller de satin,
Et, plus fraîche que le matin,
Sous la dentelle elle est cachée;
Ses longs cheveux blonds répandus,
Plus légers qu'une aile d'abeille,
Sur sa jeunesse sans pareille
Semblent pour la garder des filets d'or tendus!

Des soldats dans la citadelle
Dorment aussi d'un sommeil lourd;
Leur repos à tout bruit est sourd;
Ils sont là, couchés autour d'elle,

Comme des morts sur leurs tombeaux,
Froids, rigides comme des pierres,
Mais dans des tournures si fières
Qu'on n'ose les toucher, tant on les trouve beaux !

Quelquefois l'un d'eux se soulève
Ouvrant ses yeux étincelants ;
Il se dresse et marche à pas lents,
La main appuyée à son glaive ;
Il pousse la fenêtre d'or,
Et, voyant le ciel plein de brume,
Il sanglote avec amertume ;
Se recouche et s'écrie : Il n'est pas temps encor !

La tour de créneaux couronnée,
Où flotte un ancien étendard,
Est bien close de toute part,
On la dirait abandonnée ;

Les chapiteaux avec les fûts
Sont renversés dans la poussière,
Les remparts sont en proie au lierre,
Et les canons rouillés ont brisé leurs affûts !

Tous ceux qui frappant à la porte,
Heurtant à grands coups de marteau,
N'ont pu pénétrer au château,
Pensent que la princesse est morte ;
Alors ils sont désespérés,
Et souvent, lassant leur courage,
S'en vont pleurer sur le naufrage
De celle qui gardait tous leurs rêves sacrés !

Elle vit encor ! patience !
Car c'est la Belle au bois dormant !
Un jour un jeune homme charmant,
Tout éblouissant de science,

Tout resplendissant de beauté,
D'allégresse et de vertu sainte;
Sans efforts franchira l'enceinte
Et passera les ponts du château redouté.

En entendant sa voix amie,
Les gardes se réveilleront,
Et devant lui baissant le front,
Près de la princesse endormie
Ils le conduiront en chantant;
Alors se dressant sur sa couche,
Elle ouvrira sa rose bouche,
Et lui dira : Seigneur, c'est vous que l'on attend !

Le prince, charmé de sa grâce,
Dira, plein de ravissement :
« J'ai brisé ton enchantement,
A nous le temps ! à nous l'espace !

Allons, mettons-nous en chemin !
Depuis bien longtemps on t'appelle,
Viens bénir ton peuple fidèle ! »
Et puis ils sortiront, en se tenant la main !

Leurs noces seront éternelles,
Jamais rien ne les troublera,
Et leur amour nous guidera
Vers des espérances nouvelles !
Autour d'eux grandiront leurs fils,
Forts de vertus et de vaillance,
Qui, brisant toute défaillance,
De l'univers heureux feront un paradis !

Nous irons avec des fanfares
Pour honorer les deux époux ;
Sur leur front glorieux et doux,
On mettra les triples tiares ;

Leur dais par nous sera porté,
Nous crierons leur nom à la terre,
Et nous commencerons ton ère,
O Belle au bois dormant! ô sainte Vérité!

Avril 1856.

VIII

CHANSON

> Ce n'est pas peu de chose d'être
> content de Dieu et de l'univers.
>
> LEIBNITZ.

Aux blés! aux blés! les brunes filles!
Là-bas, sous les ardents rayons,
L'épi mûr songe à vos faucilles
En se courbant sur les sillons;

Accourez, il vous fera fête,
Car ses hauts brins échevelés
Vous font des signes de la tête;
    Aux blés! aux blés!

Au bois! au bois! les haches blanches!
Là-bas les chênes couronnés
Laissent tomber leurs vieilles branches
Sur leurs grands pieds déracinés;
Leurs rejetons ont soif de vie;
Le vent pousse sa grande voix
Qui vous appelle et vous convie
    Au bois! au bois!

Aux prés! aux prés! les bœufs superbes!
Là-bas, sur son lit de velours
Le peuple vert des longues herbes
Se dresse au bruit de vos pas lourds;

Le myosotis au cœur tendre,
Parmi les roseaux acérés,
Est fatigué de vous attendre
　　Aux prés! aux prés!

Aux flots! aux flots! les barques vives!
Là-bas, roulant sur les galets,
Les belles vagues attentives
Vont au-devant de vos filets;
Par delà les rochers, la brise,
Émue aux chants des matelots,
S'arrête immobile et surprise;
　　Aux flots! aux flots!

Au ciel! au ciel! les âmes pures!
Là-haut on a besoin d'amour;
Les chérubins par leurs murmures,
Vous attirent au bleu séjour;

Tout est misère dans ce monde,
Près d'eux, tout est parfum et miel ;
Ames, ouvréz votre aile blonde,
  Au ciel ! au ciel !

Octobre 1857.

IX

LASSITUDE

> Que fussiez-vous plus tost . . . .
> Conduisant les taureaux, menant les troupeaux paistre
> Par les froideurs d'hyver, par les chaleurs d'esté,
> Roulant vos libres iours en libre pauvreté.
>
> Robert Garnier.

Eh quoi ! toujours rouler le rocher de Sisyphe ;
Quoi ! toujours déchiffrer l'ardent hiéroglyphe
Que le doigt du Seigneur sur le mur a tracé !
Être toujours conduit de Pilate à Caïphe,
Poussé par l'avenir, tiré par le passé !

Eh quoi ! ne recueillir que lâche calomnie,
Entendre les sifflets du railleur qui vous nie,
Donner son âme en pleurs, donner son cœur en feu,
Et pour tous ces efforts n'éveiller qu'ironie
Dans les échos du monde, est-ce vivre, ô mon Dieu !

Jusqu'au fond de mes os je sens ma peine affreuse
Qui me ronge en pleurant et qui lentement creuse
Le sépulcre où mon cœur dormira froid et mort,
Lorsque j'aurai vidé la coupe douloureuse
Où bouillonne le fiel qui monte jusqu'au bord !

Je suis las, je suis faible, et mon âme en détresse,
Comme un vaisseau battu par le vent qui le presse,
Sent craquer sa membrure et navigue au hasard,
A travers tes rumeurs, ouragan de tristesse,
Où se perd l'horizon que cherche mon regard.

Notre ciel est de plomb! L'atmosphère me pèse!
J'entends crier en moi des maux que rien n'apaise!
Ah! je voudrais, marchant vers mon rêve choyé,
Quitter cette patrie où je suis mal à l'aise,
Et rejeter le deuil dont mon cœur est noyé.

Je voudrais m'en aller, libre, à travers le monde,
Gravir les monts ardus que le soleil inonde,
Écouter des flots bleus parler la grande voix,
Chanter avec l'oiseau dans la campagne blonde,
Et sentir au matin le frais parfum des bois!

Quand reverrai-je donc, rêveur et solitaire,
Lentement balancé sur mon haut dromadaire,
L'aurore se lever sur un désert lointain;
Quand m'en irai-je donc, exilé volontaire,
Suivre ma longue route et mon but incertain?

Quand mouillerai-je donc mes lèvres desséchées
Et mon front en sueur aux fontaines cachées
Où les fauves guépards viennent boire sans bruit,
Se glissant, à pas lents, sous les feuilles penchées
Qu'endorment dans les airs le silence et la nuit?

Quand donc pourrai-je enfin, la tête sur ma selle
Et mon corps sur le sable où la lune étincelle,
Dormir le bon sommeil des voyageurs hardis,
Et voir, ouvrant les yeux, le ciel bleu qui ruisselle
D'étoiles au front d'or et d'astres agrandis?

A Beyrouth! à Beyrouth! C'est là que va mon rêve;
C'est à côté des flots baisant sa blonde grève,
Auprès du bois de pins sur le mont relégué,
Que je voudrais, avant que mon destin s'achève,
Aller bâtir mon nid, pauvre oiseau fatigué.

C'est là que vont mes vœux emportés par la brise ;
C'est mon futur Éden ! C'est ma terre promise !
C'est là que va mon cœur quand mes soucis trop lourds
Font hésiter en moi ma pensée indécise ;
C'est là qu'est mon refuge et j'y pense toujours !

Ah ! c'est là que j'irai, poussé par l'espérance,
Sortant, enfin calmé, de ma lente souffrance,
Comme on sort de la nuit, le matin, au réveil,
Et sans me retourner vers le seuil de la France,
J'irai livrer ma vie aux pays du soleil !

Et je resterai là dans une paix immense,
N'aimant plus que le ciel, les arbres, le silence,
Et la mer où s'ébat l'aile des grands oiseaux,
Jusqu'au jour où, partant pour une autre existence,
La mort m'emmènera vers des pays nouveaux !

Octobre 1856.

X

DEBOUT!

—

> C'est le cœur de nos cœurs et l'âme de nos âmes,
> Qui, comme un feu divin, tend toujours vers les cieux ;
> Hercule en se brûlant s'assit au rang des dieux
> Et, pour estre immortel, il faut sentir ses flammes.
> MONTCRESTIEN.

Paix aux rêves, manœuvre ! allons, reprends ta tâche,
Ton espérance est folle et ton désir est lâche ;
Au travail ! au travail ! Les abus sont debout !
Saisis ton glaive en main et combats sans relâche,
La lutte continue et la gloire est au bout !

Laisse bleuir au loin le pays des mirages,
Son soleil ne vaut pas l'éclair de nos orages ;
Relève ton front morne et ton œil obscurci :
Il est passé pour toi le bon temps des voyages ;
Si ton rêve est là-bas, ton devoir est ici !

Ton devoir est ici, debout auprès du gouffre,
Mêlant ton âme ardente à toute âme qui souffre,
Ramassant les blessés, consolant les vaincus,
Traversant sans pâlir les bûchers et le soufre
Et marchant d'un pas ferme à nos droits survécus !

Tu désertes, soldat, au fort de la bataille !
Compte tes amis morts couchés sous la mitraille,
Pense au drapeau sacré que tu tiens dans ta main,
Pense aux assauts futurs de la haute muraille,
Pense aux portes de fer qu'on brisera demain !

Le poëte ici-bas, comme une sentinelle,
Doit plonger dans la nuit sa brûlante prunelle,
Et, tout prêt aux périls, aller le front levé ;
Vas-tu donc avoir peur, sur ton âme éternelle !
Et quitter le grand œuvre encore inachevé ?

Vide, sans murmurer, jusqu'au fond ton calice,
Sèche ta lèvre amère et rentre dans la lice,
Sans jeter vers le ciel tes désirs insensés ;
Le monde fait silence et l'instant est propice,
Raconte tous les vœux dans nos cœurs amassés ;

Raconte les efforts de ceux qui vont dans l'ombre,
Méconnus et pensifs, écrasés sous le nombre,
Cherchant au fond du ciel l'astre de nos destins,
Et qui, toujours perdus dans notre foule sombre,
Promettent le triomphe à nos espoirs lointains !

Raconte les douleurs de la pensée active
Qui se traîne à genoux, méprisée et captive,
Qu'on bâillonne de force et qui jette un appel
A ce jour espéré qui lentement arrive
Pour dresser à jamais son culte solennel !

Raconte nos grandeurs, nos doutes, nos tempêtes,
Nos bras toujours ouverts, nos âmes toujours prêtes ;
Raconte notre foi que rien n'a pu ternir,
Et les nuages d'or où nous cachons nos têtes
Pour parler avec Dieu des choses d'avenir !

Si tu veux voyager, ils sont grands les domaines
Où germent dans les pleurs les misères humaines,
Va-t'en les parcourir, ces pays opprimés ;
Ouvre ton cœur à tous, et, de tes deux mains pleines,
Laisse tomber la manne à tous les affamés.

Va chercher l'espérance et la foi qui console,
Va secourir celui que l'infortune isole,
Va chercher les souffrants, les faibles, les maudits,
Va leur porter la joie et la bonne parole,
Et s'ils disent : L'Enfer ! dis-leur : Le Paradis !

Exhorte ce qui meurt, relève ce qui tombe !
Montre l'horizon bleu qui brille après la tombe ;
Ramène les douteurs et les désespérés,
Tends un bras toujours fort à celui qui succombe,
Et guide les vaillants à nos combats sacrés !

Au travail ! au travail ! Marche, voici ta route !
Au lieu de suivre encor tes rêves en déroute,
Monte, sans t'arrêter, si haut que tu pourras,
Monte au delà du Mal, monte au delà du Doute,
Alors, mais seulement, tu te reposeras !

Octobre 1856,

XI

EMBUSCADE

> Il faut marcher dans le monde comme en pays ennemi.
> SAINT-ÉVREMONT.

L'existence ressemble à la vieille forêt
Des contes de voleurs.

        Le voyageur qui passe
S'en va l'épée en main et l'oreille en arrêt,
Tressaillant à tout bruit dont se trouble l'espace ;
La nuit vient et le vent, qui souffle avec des cris,
Agite les grands bras des chênes séculaires
Et froisse en gémissant les taillis assombris ;
Des nuages pesants tout chargés de colères,

Comme de noirs vautours au carnage appelés,
Passent en se heurtant sur la lune sanglante
Et voilent en fuyant les chemins étoilés.

Le voyageur armé poursuit sa marche lente,
Le front haut, le pied leste et les yeux en avant;
Comme un bon compagnon que nul danger n'arrête,
Quand il voit remuer les arbres, il s'apprête,
Regarde, passe et dit : « Suis-je fou? C'est le vent! »

Pendant qu'il marche ainsi, solitaire, à l'écoute,
Pensant au but rêvé que cherchent ses travaux,
Il se sent tout à coup, au détour de la route,
Attaqué par derrière et frappé dans le dos;
Il s'affaisse au milieu du morne paysage,
Se retourne, et, dressant son pauvre corps meurtri,
Il voit fuir au lointain, se cachant le visage,
Un malheureux jaloux que son pain a nourri!

Juin 1857.

XII

ROSÉE

> Le monde est toujours du parti des
> opprimés et le monde a raison.
> ALI-TEPELENI.

O soleil! que vois-tu sur l'Océan sans bornes?
— Je vois un vaisseau noir qui glisse sur les flots;
Il se hâte! il se hâte! et j'entends les sanglots
Qui, vers le ciel voilé, montent de ses flancs mornes.

Du haut de ses plats-bords je vois tomber des pleurs
Qui brillent en roulant comme des perles fines,
Ils s'en vont rebondir sur les vagues marines
Et restent suspendus aux goëmons en fleurs.

— O soleil ! Que fait-on des sanglots et des larmes ?
— Le vent prend les sanglots sous le bleu firmament,
Puis il va les porter comme un gémissement
Doux, plaintif et lointain aux mères en alarmes ;

Alors en entendant ces lamentables cris
Qui réveillent l'écho des choses envolées,
Assises près du feu, les mères désolées
Pensent, le cœur en deuil, à leurs enfants proscrits !

Sur les plus purs rayons de ma flamme irisée
Je fais monter les pleurs dans mon sein fécondant ;
Je les garde en secret, et, de mon souffle ardent,
Pour obéir à Dieu, je les change en rosée ;

Et je vais les verser sur l'arbre de douleur
Où jadis on cueillit la couronne d'épines
Qui s'abreuva de sang sur les tempes divines
De celui qui disait : Mon Dieu ! Pardonnez-leur !

1er mai 1856.

XIII

VOX AUDITA

> Oui, tout vit, tout sent et tout aime.
> MICHELET.

Les vagues, en longs sillages,
Sur les sables éclatants
Où roulent les coquillages
Et les goëmons flottants,

Sous le souffle bleu des brises
Qui glissent à l'horizon,
En paroles indécises
Disent tout bas leur chanson !

Dans les bois la feuille alerte
En haut de l'arbre mouvant,
Dit aussi sa chanson verte
Qui s'envole avec le vent ;
Pensif, le sapin murmure,
Et, comme un prêtre à l'autel,
Le chêne, dans sa ramure,
Dit son cantique éternel !

Les abeilles intrépides,
Dans les jardins constellés,
Volent, roses et rapides,
Comme des rubis ailés ;

Hannetons et cicindèles
Causent sur les arbrisseaux,
Et les vertes demoiselles
Content fleurette aux roseaux !

Sous le vieux toit qui s'écroule
L'hirondelle a fait son nid,
L'amoureux ramier roucoule
Et la chouette gémit ;
Le rouge-gorge à toute heure
Chante, vaillant et dispos,
Et le rossignol qui pleure
Jette sa plainte aux échos !

Les moutons à blanche laine
S'en vont bêlant tristement,
Et les taureaux dans la plaine
Poussent un long beuglement ;

Dans les bois sombres serpentent
Les crotales aux dos roux,
Et les tigres se lamentent
Dans les jungles de bambous !

L'homme en son labeur austère,
L'œil en flamme et les bras nus,
Amoureux de tout mystère,
Chante les cieux inconnus ;
Dans son berceau l'enfant crie ;
Et, s'enivrant à son cœur,
Au rouet la femme prie,
Disant : Amour et bonheur !

Tout ce grand bruit qui ruisselle,
Plein d'amour et plein de foi,
C'est la vie universelle,
Seigneur, qui monte vers toi !

C'est le chant de la nature
Qui grandit sous le ciel bleu,
Et dans chaque créature,
Je te sens vivre, ô mon Dieu !

Vincuil, 5 novembre 1857.

XIV

A GEORGE

> Regarde bien au dedans de toi, il y a
> une source qui jaillira toujours si tu
> creuses toujours.
> MARC-AURÈLE.

Es-tu prêt? Ceins tes reins! La route est longue et dure;
Et le ciel disparu sous la nuée obscure
Ne montrera souvent à tes yeux effrayés
Que ses larges flancs noirs par la foudre rayés;

Souvent, lorsque la soif à ta lèvre flétrie
Arrachera des cris d'angoisse et de douleur,
Quand tu défailliras jusqu'au fond de ton cœur,
Tu ne rencontreras qu'une source tarie,
Où l'impure vipère et le crapaud lépreux
Se traînent dans la fange en se battant entre eux !
Souvent, pour appuyer ton front chargé de peines,
Lorsque tu chercheras, sous l'ombre des grands chênes,
La mousse aux reflets d'or et l'humide gazon,
Tu ne verras, hélas ! que le rocher sauvage
Renvoyant aux échos les éclats de l'orage
Qui plane dans le ciel et noircit l'horizon !
Souvent, l'âme brisée et l'esprit plein de doute,
Tu t'étendras sans force aux rebords de la route,
Et, de ta vie amère abandonnant le soin,
Tu diras en pleurant : Je n'irai pas plus loin !
Écoutant tristement au fond de ta poitrine
Sangloter ta jeunesse et tes espoirs déçus,
Voyant s'évanouir tes rêves aperçus,
Et sentant sur ton front la couronne d'épine,
Peut-être, las enfin des duretés du sort,
Jetteras-tu de loin un regard vers la mort ;

Peut-être, le cœur plein de ta désespérance,

T'attendrissant toi-même à ta propre souffrance,

Sentant un grand dégoût remuer sous tes os,

Voyant tes pieds sanglants, tes yeux las, ta main maigre,

Ta lèvre que brûla l'éponge de vinaigre,

Tendras-tu les deux bras vers l'ange du repos,

Et diras-tu : Mon Dieu ! reprenez-moi la vie,

Car je suis fatigué des méchants, de l'envie,

Du chemin, de la nuit, de l'orage et du vent!

Qu'importe! ceins tes reins! et pars d'un cœur fervent!

Comme un gai pèlerin qui s'en va dès l'aurore,

La chanson à la bouche et le sourire aux yeux,

Sans crainte, sans soucis, frappant d'un pied joyeux

La poudre du chemin que le soleil dévore,

Se promettant d'avance un gîte pour le soir,

Et qui ne se plaint pas s'il n'a, sous le ciel noir,

Près d'un porche croulant, qu'une couche de pierre

Pour reposer son corps et fermer sa paupière ;

Va, remerciant Dieu de ce qu'il accorda
L'espoir à nos douleurs, le doux parfum aux roses,
Les astres d'or au ciel, la grâce à toutes choses,
Et, regardant vers lui, chante : *Sursum corda !*

Tes dangers seront grands sur la voie où nous sommes,
Les loups y sont méchants presque autant que les hommes ;
Mais tu dois tout braver, tout vaincre, sans effort,
Sourire aux ouragans, traverser les ténèbres,
Affronter sans pâlir les trahisons funèbres,
Et parmi les périls rester debout et fort !
Écoute-moi ! La vie est une route immense,
Où les plus hauts souvent sont frappés de démence,
Où le plus grand s'effraye, où le plus brave fuit,
Où l'on marche entouré d'une incessante nuit,
Où l'on trouve accroupis et vous guettant dans l'ombre,
Les vieilles passions aux visages fardés,
Les penchants imposteurs, les instincts débordés
Qui vont en murmurant leurs promesses sans nombre,
Et vous montrent de loin, sous l'horizon obscur,
Comme un palais où dort un repos doux et sûr,

Où vous attend debout l'hospitalité prête,
Le sépulcre blanchi qui leur sert de retraite.
Eh bien! pour traverser hardiment ce chemin,
Pour écarter de toi les tentations folles
Et les énervements pleins de douces paroles,
Il te faut un bâton pour appuyer ta main;
Il te faut un fanal pour éclairer ta route,
Et, si tu veux jeter les monstres en déroute,
Être toujours vaillant et demeurer vainqueur,
Il faut un cordial pour raffermir ton cœur!

Le bâton, mon enfant, c'est le travail austère!
Prends-le donc hardiment et ne le quitte pas;
Il te rendra plus fort à chacun de tes pas,
Et soutenu par lui tu parcourras la terre!
Il ne se rompt jamais dans la main qui l'étreint,
Il est indestructible, il est auguste et saint!
Le travail incessant, c'est la massue antique
Qu'Hercule maniait de son bras athlétique;
Il ouvre des chemins où nul ne passe encor,
Écrase les abus, abat les tyrannies,

Délivre les captifs en proie aux agonies,
Et fait un demi-dieu de l'homme après sa mort.

Le fanal, c'est la foi! non cette foi facile,
Culte de souvenir, tradition fossile,
Croyance toute faite et commode à porter,
Qu'avec tous ses instincts l'homme sait ajuster,
Et qu'un père mourant lègue en son héritage,
Comme un bien qu'il reçut de son père autrefois,
Comme un champ, un étang, une ferme, des bois,
Et qu'on prend à son heure au moment du partage!
Non! Mais la foi qui va, l'œil levé vers les cieux,
Méditant l'avenir, et d'un doigt curieux
Épelant les grands mots que Dieu dans sa clémence
Écrit pour les penseurs au fond du ciel immense!
La foi qui, préférant le sentier non frayé,
Nous montre à chaque pas la vie universelle
Dont l'effluve puissant dans nos âmes ruisselle,
Comme un souffle divin par Dieu même envoyé ;
La foi qui trouve Dieu dans toute la nature,
Qui le montre agissant dans chaque créature,

Qui croit le diable mort, n'adore qu'un Dieu bon,
Et qui comble l'enfer à force de pardon !

Le cordial divin, c'est l'amour pur et sage
Qui donne aux défaillants l'ardeur et le courage,
Qui réchauffe à jamais les cœurs les plus glacés,
Relève les efforts de celui qui succombe,
Nous fait voir l'avenir au delà de la tombe,
Et réalise un jour tous nos rêves passés !
Non cet amour banal qui va de femme en femme,
Effeuillant sans souci toutes les fleurs de l'âme,
Tantôt vendu, tantôt achetant à son tour,
Dépenaillé bohème errant au jour le jour,
Grelottant sous les toits en cherchant sa pâture,
Qui met sa montre en gage et gambade la nuit
Dans les bals, au travers de l'orgie et du bruit,
Et frappe à toute porte en quête d'aventure ;
Mais l'éternel amour, l'invincible et le fort,
Qui dresse son front pâle et dédaigne la mort,
Car il sait bien qu'après ces heures de ténèbres
Où le trépas prend l'âme entre ses bras funèbres,

On trouve de nouveau ceux qu'on avait aimés,
Grandis, illuminés, plus radieux encore,
Jouissant avec nous de l'immortelle aurore
Qui se lève à toujours près des tombeaux fermés !
Il va de l'homme au ciel et du ciel à la terre,
Se mêlant à la foule et pourtant solitaire,
Et garde pur et saint, dans sa sérénité,
Son large et vaillant cœur où bat l'humanité.

Aime, travaille, crois et marche dans la vie
Comme un apôtre, et s'il le faut comme un martyr,
Prêt à verser ton sang sans trembler ni mentir !
Aime la liberté sous la force asservie,
Aime d'un culte saint la sainte vérité,
Et garde ton cœur pur de toute lâcheté ;
N'admire point la force, elle est âpre et perfide
Et s'appuie à deux mains sur l'abus homicide ;
Elle tient à la Lettre et dédaigne l'Esprit ;
Tous moyens lui sont bons pour gagner la victoire ;
Je ne mens pas ici, regarde dans l'histoire :
C'est toujours un soldat qui frappe Jésus-Christ !

Et qu'importe, après tout, ce que commet la force ?
La justice est l'aubier, elle n'est que l'écorce ;
Si grande qu'elle soit, son règne est d'un moment,
Et le vrai qu'elle étreint dure éternellement !
Un orateur qui parle, un poëte qui chante,
Un être dédaigné, perdu loin du pouvoir,
Souvent placé si bas qu'un roi ne peut le voir,
Menant, triste ou joyeux, sa vie insouciante,
Sent parfois remuer dans son cœur irrité
Les colères d'airain de son austérité ;
Alors du vers sanglant qui vibre dans son âme
Et qui jaillit au loin plus ardent qu'une flamme,
Sans repentir ni grâce il brûle sur le front
L'imprudent qui jouait à la toute-puissance,
Et le livre meurtri, conspué, sans défense
A la postérité qui punit tout affront,
Et qui, le retirant du fond des gémonies,
De la fosse creusée aux trahisons honnies
A l'échafaud, au meurtre impur, au sang versé,
L'accroche par les pieds au gibet du Passé !
C'est ainsi que le veut la justice divine,
Nul pouvoir ne résiste au poëte indigné,

Charles neuf porte au flanc le vers de d'Aubigné,
Et Juvénal d'un mot a marqué Messaline !

Éloigne de ton cœur la pâle ambition,
Fantôme décrépit, lâche déception
Qui trompe, perd et ment. Ne sers que les idées,
Mais les hommes jamais ! Les âmes insondées,
Celles dont Dieu peut seul savoir la profondeur,
Qu'il réserve en secret pour ses œuvres sereines,
Méprisent les hochets des vanités humaines
Et tournent leurs regards vers un monde meilleur.
Les hommes sont d'un jour, l'idée est éternelle
Et rien ne peut briser ni suspendre son aile ;
Elle échappe aux carcans, et du haut de la croix
Sur le monde attentif elle répand sa voix ;
Elle sort des prisons, comme un pigeon fidèle,
Se riant des geôliers, des cachots et des cris,
Elle pousse son vol sur l'univers surpris
Et lui donne le mot de la bonne nouvelle !
Entre les mains de Dieu l'homme est un instrument,
Quelquefois récompense et souvent châtiment.

L'homme a beau se grandir et mettre la couronne
Sur son front radieux que la gloire environne,
Être vêtu de pourpre et tenir dans sa main
Le dur sceptre de fer devant qui tout s'abaisse,
Jamais il ne saura ce que, dans l'ombre épaisse,
Lui garde l'ennemi qu'on appelle : Demain !
Quand la tâche par Dieu fixée est accomplie,
D'un nom retentissant quand la terre est remplie,
Le Destin satisfait lève son bras géant,
Prend le conquérant frêle et le jette au néant !

On se croit invincible, on est plus grand que l'homme,
On a de sa sandale effleuré tous les fronts,
On a des châteaux forts, des soldats, des canons,
On règne dans Paris et l'on commande à Rome ;
On a broyé le monde aux pieds de ses chevaux,
On a des demi-dieux surpassé les travaux ;
On a taillé l'Europe, à sa guise, en provinces,
On a pris des soldats pour en faire des princes ;
On va sur l'univers du grand Kaire à Moscou,
On a sur son chemin bu l'eau de tous les fleuves,

Le sort est souriant à toutes les épreuves,
On a d'un jeune roi les bras autour du cou ;
On a tout préparé pour la grande bataille,
Les soldats sont en rangs, debout pour la mitraille,
L'homme alors dit : Grouchy ! L'écho répond : Blücher !
Et tout a disparu plus vite qu'un éclair !

Que ton royaume, enfant, ne soit pas de ce monde ;
Agrandis l'Idéal en ton âme féconde,
Marche les yeux fixés sur des cieux inconnus,
Dédaigne l'astre vil que la foule contemple,
Coudoie avec mépris tous les marchands du temple :
Laquais brodés d'argent et femmes aux seins nus !
Laisse-les s'enivrer d'ambitions vulgaires,
Rêver l'or ruisselant ou la gloire des guerres,
Chercher la pauvre joie où leurs cœurs sont liés,
Vivre toujours tremblants et mourir oubliés !
Va plus loin ! Va plus haut sur la route du rêve !
Déchire l'horizon pour voir dans l'avenir,
Jusques aux pieds de Dieu tu pourras parvenir ;
Il aime les chercheurs, cherche sans paix ni trêve !

Rêve les grands efforts par où le genre humain,
Gravissant pas à pas les degrés du chemin,
Pourra, tout rayonnant de gloire et d'espérance,
Toucher enfin du doigt sa lente délivrance ;
Rêve l'essor joyeux de la fraternité,
De l'immuable amour qui grandira chaque âme,
Rêve l'égalité de l'homme et de la femme,
Rêve la paix pour tous, rêve la liberté !

Tu pourras vivre encor bien des jours dans ta vie,
Suivre au suprême instant la mort qui nous convie,
Et livrer ton cadavre aux morsures des vers
Sans voir ton rêve ardent éclairer l'univers !
Tant mieux ! Tu vieilliras en poursuivant encore
Cette réalité que recule le temps,
Tu sentiras en toi les espoirs éclatants
Que tu retrouveras à ta prochaine aurore ;
Quand ton âme, échappant aux larves du tombeau,
Ici-bas reviendra pour vivre de nouveau,
Tu reverras ton but caressé sans relâche,
Et, soldat d'avenir, tu reprendras ta tâche !

Chacun choisit sa route au gré de sa vigueur;
Les plus débiles vont dans les plaines fleuries,
Le long des gais ruisseaux coulant dans les prairies
Sous les arbres touffus pleins d'ombre et de fraîcheur;
Maudissant la sueur qui baigne leur visage,
Redoutant le soleil, redoutant le nuage,
Ils sont toujours bornés par l'étroit horizon
Qui se ferme à leurs yeux et leur sert de prison.

Laisse aux faibles la plaine et gravis la montagne,
Fixe ton pied hardi sur les sentiers scabreux,
Laisse aller au hasard tes pas aventureux,
Et ne crains jamais rien si la foi t'accompagne !
Ne te rebute pas, va toujours en avant,
Les yeux levés au ciel et la poitrine au vent;
Franchis les rochers noirs, affronte les épines,
Écrase les serpents, traverse les ravines;
Marche, sans regarder tes pieds ensanglantés,
Jouis de ta souffrance et va heurter ta tête
Aux grands nuages d'or qui portent la tempête;
Va mêler ton front pur à leurs longues clartés,

Monte jusqu'aux sommets que la foudre dévore ;
C'est sur les plus hauts pics qu'on voit lever l'aurore !

Ceins tes reins ! ceins tes reins ! car l'instant est venu
Où tu vas commencer ton chemin inconnu !

Va donc, ô mon enfant, que Dieu te soit propice,
Qu'il anime ton cœur de son souffle brûlant,
Qu'il dévoile à tes yeux son phare étincelant
Et qu'il garde tes pas du sombre précipice !
Vis heureux, s'il se peut, mais vis sage surtout
Et reste inébranlable aux périls et debout !

Et puis, dans bien longtemps, quand ton heure dernière
Refroidira ton cœur et clora ta paupière,
Si tu veux être élu pour les jours réservés,
Si tu veux, gravissant les routes éternelles,
Pousser ton âme ardente à des splendeurs nouvelles,
Si tu veux suivre encor tous tes désirs rêvés,

Si tu veux, dans son sein, que Dieu te fasse grâce,
Lorsque, te demandant tout bas le mot de passe,
L'ange blanc de la mort se penchera vers toi,
Réponds-lui sans trembler : Amour, travail et foi !

Septembre 1856.

XV

MARINE

> Le monde, dans son immensité, appartient au voyageur.
>
> F. Rückert.

Souvent je suis resté longtemps sur une plage,
Debout au bord des flots qui frangent le rivage,
Insensible à tout bruit, immobile et pensif,
Sans voir les goëlands qui, sur le noir récif
Sorti du fond des eaux comme une étrange tête,
Appellent de leurs cris le vent et la tempête ;

Sans écouter le chant des matelots hâlés
Qui tournent lentement les câbles enroulés.
Au cabestan criard ; sans voir les jeunes filles
Dans le sable mouvant enfoncer les coquilles
Avec leurs beaux pieds nus que la mer a mouillés ;
Sans voir les blonds enfants, aux cheveux embrouillés,
Jouer, sous le soleil qui brunit leurs poitrines,
Avec les longs fucus et les algues marines ;
Sans entendre la voix du clocher de granit
Où la sombre corneille a déposé son nid,
Et dont la cloche sainte en son triste langage
Dit : Pensez aux marins sombrés pendant l'orage ;
Absorbé, le front haut, les cheveux dans le vent,
L'œil fixe et comme mort pour le monde vivant,
Perdu dans ma pensée et dans ma rêverie
Qui m'avait emporté loin de toute patrie,
Et suivant d'un désir plus fort que ma raison
La voile d'un vaisseau qui passe à l'horizon !

Scheveningen, 15 février 1857.

XVI

LA VEILLÉE

EN SOUVENIR DE SAPHIAH

> Nous vivons maintenant d'une façon plus belle,
> Car, en dépit du sort dont je force la loy,
> Je vis heureusement dans le ciel avec elle,
> Et ma sœur vit encore icy bas avec moy.
>
> G. COLLETET.

Elle avait eu neuf ans depuis six mois à peine ;
Nous la chérissions tous, car son âme était pleine
De l'azur qui brillait à son jeune horizon ;
Le bonheur et l'espoir chantaient haut autour d'elle ;
Elle était radieuse, intelligente et belle,
    C'était l'orgueil de la maison !

Un jour un mal subit, effroyable, terrible,
S'abattit sur l'enfant, et dans un spasme horrible
Brisa sa vie à peine effleurée et s'enfuit ;
Effaçant dans son vol tant de douces chimères,
A travers l'océan fait des larmes des mères,
  Il l'emporta loin, dans la nuit !

On avait entraîné, hors des choses funèbres,
La mère à demi folle, en proie à des ténèbres
Où son âme sombrait jusqu'à s'anéantir,
Et le père — le père aussi grand que nul autre,
Un saint, un précurseur, un héros, un apôtre,
  Que Dieu glorifiait martyr.—

— O prière que Dieu n'a donc pas entendue ! —
Sur le lit de sa mère elle était étendue ;
Ses pauvres petits yeux si vifs le jour passé,
Ses délicates mains, sa bouche aux lèvres roses
Qui souriait gaîment en disant toutes choses,
  Tout est éteint, morne et glacé !

On avait répandu sur le lit, à mains pleines,
Des roses, des lilas, des muguets, des verveines,
Qui dans le noir cercueil se faneront demain ;
La pluie à coups aigus tombait sur la toiture ;
Un flambeau vacillant brûlait dans l'ombre obscure ;
　　Je veillais, le front dans ma main !

Parfois il me semblait qu'à la pâle lumière
J'avais vu s'agiter les bords de sa paupière ;
Je croyais voir de loin sa main qui remuait ;
A tout bruit je disais : C'est elle qui respire !
J'accourais, mais toujours le visage de cire
　　Était froid, rigide et muet !

La maison reposait, tout était bien en place !
La lueur du flambeau se mirait dans la glace ;
Un joujou sur un meuble, hélas ! était resté !
Mon cœur était noyé d'une peine infinie,
Et je me redisais la longue litanie
　　De ceux qui m'ont déjà quitté.

Tous étaient accourus à la morne veillée,
Et par leurs graves voix mon âme conseillée
Cherchait à surnager parmi tant de débris ;
Ils m'expliquaient le sens de la vie éphémère ;
J'écoutais en priant ce que disait ma mère ;
  Elle me disait : « O mon fils !

« Tu comptes, en voyant cette chère apparence,
« Tout ce que ce berceau contenait d'espérance
« Et tout ce qu'il contient aujourd'hui de douleur ;
« Tu penses, plein d'angoisse, à la mère en détresse,
« A ce père orphelin de toute sa tendresse,
  « A cette enfant ! à ce malheur !

« Tu cherches, regardant sur ce petit front blême,
« A déchiffrer le mot de l'éternel problème :
« Où vont-ils, les enfants à leur mère arrachés ?
« Les enfants que Dieu prend ne quittent point leur mère !
« Ils revivent joyeux, loin de la vie amère,
  « Au fond de notre âme cachés !

« Ils revivent en nous, ces chers nourrissons roses,
« Par qui, lorsqu'ils s'en vont, nos douleurs sont écloses,
« Et que nous voudrions adorer à genoux ;
« En mourant nous laissons à nos enfants la flamme
« De l'ardent souvenir, et nous gardons leur âme
    « Lorsqu'ils sont partis avant nous !

« Toujours nous les sentons vivre au fond du cœur même ;
« Ils se penchent vers nous en nous disant : Je t'aime !
« Lorsque nous gémissons de ne plus les revoir ;
« Et ce que nous prenons pour une souvenance
« N'est que le doux baiser affirmant leur présence,
    « Le doux baiser de chaque soir.

« C'est l'incessante ardeur de leur force innocente
« Qui nous pousse à vouloir une foi grandissante,
« Car ils restent en nous pour y faire le bien,
« Pour donner à nos cœurs des amours éternelles
« Et pour nous dire : Ouvrez vos âmes maternelles
    « A tout ce qui cherche un soutien !

« Ils nous disent : « O mère ! aime tout ce qui pleure,
« Car dans tes bras, hélas ! j'ai pleuré tout à l'heure !
« En songeant à mes cris, aime les affligés ;
« J'étais chétif et faible au sein de ta tendresse,
« Regarde autour de toi, pensant à ma faiblesse,
    Et sois bonne aux découragés !

« Apprends, car j'apprenais ! Cette science ardue
« Qu'épelait avec moi ta tendresse assidue,
« Apprends-la, si tu veux que je la sache un jour ;
« Ne laisse pas tomber mon âme en défaillance,
« Donne-lui tout savoir, tout feu, toute vaillance,
    « Toute espérance et tout amour !

« Grandis-moi ! grandis-moi ! féconde ma jeunesse !
« Aime, soutiens, apprends, et travaille sans cesse
« A me donner en toi tout mon accroissement ;
« Et si tu remplis bien cette tâche sacrée,
« Mon âme restera souriante, adorée,
    « Dans ton âme éternellement.

« Et toutes deux iront, ainsi, toujours unies,
« Gravissant les degrés des routes infinies,
« Comme deux pèlerins marchant au même vœu,
« Jusqu'à ce jour promis où, brillantes, sublimes,
« Ayant du long chemin franchi toutes les cimes,
« Elles s'embrasseront en Dieu ! »

10 mai 1856.

XVII

AU CONSERVATOIRE

Patria est ubicunque bene.
PACUVIUS.

SONNET

Dieu vous avait tirés de son essence même,
Il vous avait pétris dans un limon charmant,
Beethoven et Mozart, maitres de l'art suprême,
Prêtres du rêve pur et de l'enivrement!

Parfois, lorsque j'entends les cris du long poëme
Que vous avez chanté pleins de ravissement,
Mon âme, recevant l'harmonieux baptême,
Va causer avec Dieu dans le bleu firmament.

Pourtant il est des jours de peines infinies,
Où je donnerais bien toutes vos symphonies,
Vos chants qui charmeraient les anges en exil,

Et le rêve où par vous mon triste esprit s'égare,
Pour entendre de loin le tambourin barbare
Et la flûte en roseau des bateliers du Nil.

<small>Juin 1856.</small>

XVIII

SOLEIL COUCHANT

> Vous que dans le calme de la nuit éveille un cœur plein de souci et d'amertume, Dieu vous rende des heures tranquilles ! Dieu vous fasse sains et contents.
>
> HEBEL.

Mon âme était partie, ainsi que dans les rêves,
Vers le pays obscur où tout est nuit et deuil ;
J'avais au fond du cœur la pointe des sept glaives ;
Je me sentais plus mort qu'un mort dans son cercueil.

Des désolations ardentes, éperdues,
Psalmodiaient en moi leurs sinistres concerts ;
Mon œil fouillait en vain les mornes étendues,
Je me trouvais tout seul dans le vide univers ;

J'avais froid, j'avais peur ; mes paupières brûlantes
Laissaient couler des pleurs qui ne pouvaient tarir;
Je voyais s'envoler mes vertus chancelantes ;
Je me disais tout bas : Pourquoi ne pas mourir ?

Je sortis de chez moi; Paris était tranquille ;
On allait, on venait, on paraissait heureux ;
Des hommes affairés se pressaient dans la ville,
D'autres riaient tout haut en se parlant entre eux.

Octobre commençait ; les feuilles désséchées
S'agitaient tristement sur les arbres noircis,
Et, par le vent du nord à leur tige arrachées,
Elles tourbillonnaient sous les cieux obscurcis !

De jeunes cavaliers aux façons élégantes
Galopaient lestement par le large chemin,
Et suivaient du regard les calèches fringantes
En leur faisant de loin un signe de la main.

Chacun était joyeux; seul, pressant en silence
La blessure insondée où saignait ma douleur,
Ainsi qu'un naufragé qui bat la mer immense,
Je me sentais perdu dans ce monde railleur.

J'allais, baissant le front sous la force malsaine
Qui fait le cœur amer, plein de doute et méchant;
J'allais, et m'arrêtant près des bords de la Seine,
Je relevai les yeux vers le soleil couchant.

Au fond du ciel montait une brume sanglante
Qui poussait son flot roux vers l'horizon troublé;
Le soleil s'abaissait et, dans sa marche lente,
Semblait un disque d'or sous la pourpre voilé;

Des nuages pesants, allongés, immobiles,
S'étendaient lourdement sous les fauves clartés,
Sombres et monstrueux, pareils aux crocodiles
Qui dorment dans l'Indus sur les rocs écartés;

Mes yeux se remplissaient de larmes affluées,
Mon âme s'abreuvait de douleur et de fiel,
Et je crus voir, hélas! dans ces rouges nuées
Tout le sang de mon cœur répandu sur le ciel!

Octobre 18...

XIX

ORGUEIL

> Il n'est que ce qu'il veut être !
> THÉOPHILE.

Non ! vous ne verrez pas le fond de ma pensée ;
Non ! vous ne lirez pas le mot de mon secret ;
Ce qui reste enfoui dans mon âme blessée
N'appartient qu'à moi seul, et rien ne m'en distrait !

Quelques-uns ont trouvé mon langage frivole
Et pensent que j'en dis plus long qu'il ne faudrait ;
Qu'importe si parfois je jette une parole
Qu'on commente aussitôt d'un mensonge tout prêt ?

D'autres m'ont reproché de vivre solitaire
Et de me détourner quand on me tend la main ;
Il me plaît d'être ainsi, car mon but est austère,
Et, sachant où je vais, j'ai choisi mon chemin !

Qu'importe ce vain bruit qui s'envole et s'efface !
Il ne m'arrachera pas même un désaveu ;
Fouillez autour de moi, soulevez la surface,
Seul je connais le temple où j'ai placé mon Dieu !

Laissant glisser sur moi l'impure calomnie,
J'arme ma lèvre altière et mes yeux dédaigneux
Du sourire hautain de la pâle ironie,
Et je marche insensible à tous vos cris hargneux.

Croyez-vous donc pouvoir, ô nageurs pleins d'envie,
Descendre sans périls dans l'abîme profond ?
Seul, je suis le plongeur au gouffre de ma vie,
Et j'y reste englouti, car la perle est au fond !

Octobre 1857.

XX

PRINTEMPS

> La terre, n'agueres glacée,
> Est ores de verd tapissée ;
> Son sein est embelly de fleurs ;
> L'air est encore amoureux d'elle ;
> Le ciel rit de la voir si belle ;
> Et moi, j'en augmente mes pleurs !
>
> Desportes.

Le printemps brille au ciel dans un premier sourire,
Les lilas sont en fleurs, et les oiseaux joyeux
Parmi les rameaux verts ne cessent de redire
La fraîcheur de la brise et la beauté des cieux !

Le soleil attiédi sous ses rayons fait naître
Les ravenelles d'or et la mousse des bois ;
Des ouvriers chantant passent sous ma fenêtre ;
Les pigeons amoureux roucoulent sur les toits !

Tout est gai ! Tout est beau ! La rapide hirondelle
Tournoie en frémissant dans les plaines d'azur ;
Les ébéniers ont pris leur parure nouvelle :
Le jour est éclatant et l'horizon est pur.

Mon travail commencé sans fatigue s'achève ;
J'aime et je suis aimé ; mon cœur prêt à s'ouvrir
Se plonge jusqu'au bord dans le ciel de son rêve !
—Pourquoi suis-je donc triste et voudrais-je mourir?

Mai 1855.

XXI

TESTAMENT

> Il faut pleurer les hommes à leur
> naissance et non pas à leur mort.
>
> MONTESQUIEU.

Lorsque mon âme prisonnière
S'échappant d'un suprême effort,
Fuira dans les bras de la mort
En brisant son heure dernière ;

Lorsque sur le lit morne et froid,
Où le prêtre noir s'agenouille,
Dormira ma pauvre dépouille
Dans son aspect sinistre et droit !

Sur ma lèvre pour toujours close,
Sur mes bras inertes et durs,
Sur mes yeux aux reflets obscurs,
Sur ma tempe creuse et morose,
Sur mon cœur enfin arrêté,
Que nul suaire se replie !
Mes amis, je vous en supplie,
Laissez mon corps en liberté !

Pas de linceul et pas de bière !
Que jamais corbillard tremblant
Ne me traîne de son pas lent
Dans un odieux cimetière ;

Que jamais un cyprès banal
Ne grandisse auprès de ma tombe,
Que sur moi jamais ne retombe
Le couvercle lourd et fatal !

Non ! non ! montez sur un navire !
Haut la barre et la voile au vent !
Courez vers le soleil levant
Sur la vague qui se déchire ;
Voguez au chant des matelots
Qui répond au bruit du sillage ;
Puis, un soir, loin de toute plage,
Jetez mon corps au gré des flots !

Qu'il n'ait pas d'autre funéraille !
La face au ciel, sombre et glacé,
Par les grands remous balancé,
Hideux mais libre, qu'il s'en aille,

Dans les courants aventureux,
Les yeux fermés et le front hâve,
Ainsi qu'une lugubre épave
Que les flots se poussent entre eux !

Sous l'œil de la lune limpide,
Aux voix des brises de la nuit,
Loin du navire qui s'enfuit
Déployant son aile rapide,
Qu'il s'en aille ainsi sur les eaux !
Que les bleus esturgeons difformes,
Que les requins aux dos énormes
L'agitent de leurs longs museaux !

Que les pétrels noirs et voraces,
Que le courlis au cri perçant,
Que l'albatros éblouissant,
Hôte blanc des lointains espaces,

Lorsque le tonnerre aura lui,
Pendant les noires nuits d'orage,
Fatigués de leur lent voyage,
Viennent se reposer sur lui !

Ou que dans les forêts marines,
Dont les monstres mous et visqueux,
Parmi les coraux épineux,
Montrent l'argent de leurs poitrines,
Sur de bons lits frais et sablés,
Sous le dais de la mer tranquille,
Il aille dormir immobile
Dans les varechs verts et salés !

Que le flot le laisse ou l'entraîne
Vers le nord ou vers le midi,
Remué par le vent hardi,
Qu'il aille où le hasard le mène !

Qu'importe, je le jette au sort
Et je l'abandonne en pâture ;
Mais, pour Dieu ! pas de sépulture,
Et qu'il soit libre après sa mort !

Janvier 1856.

XXII

LES SEPT PLANÈTES

> Le mot indépendance est uni à des idées accessoires de dignité et de vertu ; le mot dépendance est uni à des idées d'infériorité et de corruption.
>
> BENTHAM.

I

Loin des rêves menteurs tout remplis de défaites,
Loin des sinistres nuits où dorment les hasards,
Loin de l'orage ardent où les crimes hagards
Lèvent pour nous frapper leurs verges toutes prêtes;

Au-dessus des rumeurs qui passent sur nos têtes,
Vers des pays bénis où Dieu garde nos parts,
Dans des cieux éclatants promis à nos regards,
Au delà de la crainte, au delà des tempêtes ;

Bien loin, bien loin, hélas ! dans un monde inconnu,
Où nul pas voyageur n'est encor parvenu,
Dans un lieu rayonnant de joie et de puissance ;

Dans les airs où grandit l'horizon dévoilé,
Sous un azur sans fin que rien n'aura troublé,
Je vois sept astres d'or qui roulent en silence !

II

Le premier est celui qu'invoquent les penseurs
Lorsque, cherchant le mot de la phrase épelée,
Ils montent en esprit vers la voûte étoilée
Et demandent à Dieu d'illuminer leurs cœurs ;

C'est celui qu'ont montré les apôtres vainqueurs
Lorsqu'ils parlaient debout à la foule assemblée ;
C'est celui qu'en prison adjurait Galilée
Quand il courbait son front sous des bras imposteurs ;

C'est celui dont partout resplendit la lumière,
Qui brille incessamment d'une lueur plus fière,
Et que nul Josué n'a jamais arrêté ;

Celui dont le rayon, pénétrant les ténèbres,
Chasse au loin le mensonge et les hontes funèbres :
C'est la planète d'or qu'on nomme Vérité !

III

Le second est celui qu'aux sanglantes arènes
Les martyrs invoquaient en confessant leur Dieu,
Lorsque bravant le fer, les tigres et le feu,
Ils tombaient, murmurant des prières sereines ;

C'est celui qu'ont aimé ces âmes souveraines
Qui s'appuyaient au Droit pour soutenir leur vœu ;
C'est celui qu'on appelle et qu'on prie en tout lieu,
C'est celui qui détruit les choses souterraines ;

C'est l'astre glorieux, large et couleur de sang,
Que chérit l'opprimé, qui frappe le puissant
Et ne redoute rien, ni peur, ni sacrifice ;

Celui qui dans le ciel s'élève le plus haut,
Que rien ne peut voiler, sur qui rien ne prévaut :
C'est la planète d'or qu'on nomme la Justice !

IV

Le troisième est celui qu'invoquent à genoux
Les froids déshérités qui marchent par le monde,
Lorsque, le front penché sur la route inféconde,
Ils heurtent leurs pieds nus au tranchant des cailloux ;

C'est celui dont riaient les grands prêtres jaloux,
La soldatesque impure et le vieux peuple immonde,
Lorsque ce vil ramas de foule vagabonde
Déifiait Jésus par l'injure et les coups ;

C'est celui qu'Il a vu quand du haut du Calvaire
Il tourna ses doux yeux vers l'avenir prospère
En jetant le grand cri que tous ont répété ;

C'est celui dont les feux, adorés par les femmes,
S'allument dans leurs cœurs et ravissent leurs âmes :
C'est la planète d'or qu'on nomme Charité !

V

Le quatrième est haut, sans taches, immobile ;
Malgré les ouragans planant à l'horizon,
Malgré les durs forfaits qui troublent la raison,
Nous le voyons passer radieux et tranquille ;

Rien ne peut détourner sa lumière subtile
Qui perce en souriant les murs de la prison,
Et vient, comme un éclair de sublime oraison,
Réveiller la ferveur en notre âme débile ;

C'est celui qu'au ciel gris cherchent les matelots
Lorsque les vents hurleurs déchaînés sur les flots
Ont effacé la voie à toute délivrance ;

C'est l'astre tout-puissant qui montre le chemin,
Le fort et l'invaincu dont la voix dit : demain ;
C'est la planète d'or que l'on nomme Espérance !

VI

Le cinquième est celui qu'a toujours méprisé
Le pâle ambitieux, sans pudeur ni croyance,
Lorsque étouffant en lui sa lente conscience,
Il rejette à l'oubli son mandat récusé ;

C'est celui dont le feu, dans le ciel attisé,
Garde la source vive où, buvant en silence,
L'honnête homme reprend la joie et la vaillance
Qui rendent la vigueur à son être épuisé ;

Celui qui se voila sous des ombres pensives
Quand Judas mit le pied au jardin des Olives,
Préparant pour Jésus le baiser trahisseur ;

Celui qui, dispersant les lâchetés du doute,
N'aime que le devoir et ne veut qu'une route :
C'est la planète d'or que l'on nomme l'Honneur !

VII

Le sixième est celui que les peuples en peine,
Lorsqu'un dur conquérant, d'un glaive aventureux,
Les pousse vers la mort, appellent de leurs vœux
En élevant leurs bras qu'un faux devoir enchaîne ;

C'est celui qui se cache alors que dans la plaine
Les clameurs, les sanglots et les râles affreux
Du sein du noir combat s'élancent vers les cieux
Comme un défi sanglant d'épouvante et de haine ;

Celui que Madeleine éperdue et pleurant
Consacrait à genoux près de Jésus mourant ;
Celui vers qui s'en vont nos prières sans nombre ;

Que chacun entrevoit et qui change toute ombre
En éclat constellé plus brillant que le jour :
C'est la planète d'or que l'on nomme l'Amour !

VIII

Le septième est celui qui, calme et tutélaire,
Guide, comme un flambeau, les hommes au cœur pur,
Qui hait le meurtre impie et, du haut de l'azur,
Jette sur l'échafaud un regard de colère;

C'est celui qui pardonne et dont la flamme éclaire
Le poëte chantant qu'opprime un destin dur;
C'est celui qui brillait dans le chemin obscur
Lorsque Jacob lutta contre l'ange adversaire;

C'est celui qui, roulant dans l'espace lointain,
Vers l'infini rêvé laisse un sillon hautain
Qui sert de phare à l'âme et dompte tout orage;

C'est celui vers lequel il faut dresser nos fronts
Quand le sort nous entraîne aux abîmes profonds:
C'est la planète d'or qu'on nomme le Courage!

IX

Souvent, triste et songeur, dans les nuits sans sommeil,
Je me suis soulevé sur mon lit solitaire,
Tâchant de découvrir au fond du ciel austère
L'étoile bienfaisante annonçant le réveil ;

J'apercevais alors un rayon sans pareil
Qui, du haut du zénith, éclatait sur la terre,
Et les sept astres d'or du monde planétaire
Qui gravitaient joyeux vers l'avenir vermeil ;

Mes yeux émerveillés de leur belle lumière
Les suivaient ardemment en leur lente carrière,
A travers des chemins de vie et de clarté ;

Dans les cieux espérés où notre âme s'élance,
Comme sept gardes purs ils tournaient en silence
Autour du grand soleil qu'on nomme Liberté !

Août 1855.

LIVRE QUATRIÈME

LA VIVANTE

LA VIVANTE

> 23. Que l'homme, considérant, par le secours de son esprit, que ces transmigrations de l'âme dépendent de la vertu et du vice, dirige toujours son esprit vers la vertu.
>
> (*Lois de Manou*, liv. xii.)

AU LECTEUR

L'histoire que j'écris est réelle et sincère ;
Ce n'est pas un vain conte inventé pour te plaire,
Ami lecteur ; c'est un de ces graves récits
Qu'on médite le soir, auprès de l'âtre, assis,
Lorsqu'on est seul et triste et que notre pensée,
Sentant vibrer plus haut sa force condensée,

Tâche de soulever le voile soucieux
Où l'avenir troublé disparaît à nos yeux ;
Peut-être elle pourra, dans son allure austère,
T'aider à déchiffrer le mot du grand mystère
Où Dieu nous a jetés inquiets et pensifs,
Comme des naufragés perdus sur des récifs,
Qui, l'œil toujours tendu vers l'horizon immense,
Fouillent le ciel obscur, écoutent le silence
Et cherchent, l'âme en deuil et l'esprit effaré,
De quel côté viendra le navire espéré !

Lis ce récit, lecteur ; c'est l'histoire d'une âme
Qui sur terre vécut, qui six fois y fut femme,
Et qui, libre aujourd'hui de tout lien charnel,
Vient d'aller reposer au sein de l'Eternel !

I

Son nom était Khavah[1], nom barbare peut-être,
Qui n'est pas très-sonore et qui surprend un peu ;
C'est un nom comme un autre, et, si c'est de l'hébreu,
Ceux qui savent l'hébreu sauront le reconnaître.

Son père fut voleur, assassin et pendu ;
Et sa mère, sans feu ni lieu, sans sou ni maille,
L'avait un beau matin mise au jour sur la paille,
Près d'un chemin désert, au coin d'un bois perdu.

---

[1] Le *kh* du mot hébreu *khavah* doit se prononcer avec une forte aspiration de la gorge, à la façon de la *j* espagnole et du *kh* arabe.

Elle la tint longtemps avec un air de doute,
Sentant son cœur faillir de fatigue et d'émoi ;
Puis, prenant de nouveau son bâton et sa route,
Elle partit, disant : « Que Dieu veille sur toi ! »
La mère disparut ; l'enfant, pâle, livide,
Ouvrant sa lèvre en vain, et par le froid transi,
Vagissait, convulsé sous le ciel obscurci,
Gisant à demi mort sur le gazon humide.
La nuit venait ; les loups hurlaient à quelques pas ;
Un bon vieux bûcheron, qui passait d'aventure,
Ramassa par pitié la frêle créature,
Et, tout en maugréant, l'emporta dans ses bras.

Le brave homme en eut soin ; au bout de la journée
Il retrouvait l'enfant joyeux à son abord,
Dont la main grandissante et déjà condamnée
Rangeait les lourds fagots et triait le bois mort.
Cela dura huit ans ; mais la vie était rude ;
Les reîtres remplissaient la campagne ; partout
Pays brûlés, hameaux pillés, gibets debout ;
Les désertes cités devenaient solitude !

Le blé coûtait bien cher et l'on mourait de faim ;
Le bûcheron, voyant la fille alerte et forte,
La baisa sur le front et la mit à la porte
En disant : « Mon enfant, va mendier ton pain ! »

Khavah sortit, le cœur bien triste et la paupière
Gonflée ; elle marcha sans souci du chemin ;
S'asseyant, au hasard, le soir sur une pierre,
A ceux qu'elle aperçut elle tendit la main ;
Nul ne lui jeta rien ; quand la nuit fut venue,
Sanglotant de douleur, d'amertume et d'effroi,
Ayant faim, ayant soif, ayant peur, ayant froid,
Elle allongea son corps, et, sur la terre nue,
La pauvre enfant dormit ce sommeil frissonnant
Que vous connaissez bien, élus de la misère !
Elle fut réveillée à des clameurs de guerre ;
Drapeaux levés, tambour battant, clairon sonnant,
Des lansquenets passaient, chantant à pleines bouches
Un immonde refrain de gros jurons affreux ;
Khavah s'épouvanta de ces bandits farouches,
Mais, par la faim pressée, elle alla derrière eux !

Ce fut là son refuge et ce fut sa famille ;
Famille de brigands, d'assassins éhontés,
De coupeurs de jarrets, de voleurs effrontés,
Une rapière au flanc, au dos une guenille,
Joueurs, menteurs, pillards, pris de sang et de vin,
Toujours plus soulevés qu'un fleuve qui déborde,
Le meilleur d'entre tous ne valait pas la corde
Destinée à le pendre à son gibet ! Enfin
Ce fut parmi ces gueux que Khavah, pâle et frêle,
Se choisit un asile en ce suprême jour,
Comme un oiseau blessé qui, d'un dernier coup d'aile,
Vient s'abattre en fuyant dans le nid d'un vautour !

Elle apprit à jurer, à boire, à tout maudire,
A dépouiller les morts, à cracher sur son Dieu,
A vaincre la vergogne, et, dans tout mauvais lieu,
A servir sans dégoût la débauche en délire !
Sans cesse on la battait, qu'elle eût raison ou tort,
Pour un oui, pour un non, avec grande risée,
Et lorsqu'elle pleurait, affaiblie et brisée,
On redoublait de coups et l'on riait plus fort !

Quand elle eut dix-sept ans, quand cet âge ineffable
Qui de l'être incomplet fait un être charmant,
Radieux, éclairé d'une grâce adorable,
Frais éclos pour l'amour et plein d'étonnement ;
Quand cet âge divin où l'enfant devient femme,
Aspirant les parfums des bois échevelés,
Perdant ses longs regards sous les cieux étoilés,
A toute sainte ardeur voulant mêler son âme ;
Quand cet âge pieux eut sonné pour Khavah,
Elle traînait près d'elle, à travers ses misères,
Deux enfants dont, hélas ! elle ignorait les pères,
Et que malgré la faim et le froid Dieu sauva !
Son visage brillait d'une beauté malsaine ;
On eût dit que Satan regardait par ses yeux,
Tant leur froide lueur corrompue et hautaine
Reflétait d'insolence et de penchants honteux !
Elle allait donc ainsi, mécréante et mauvaise,
Moins que fille de joie, ivre souvent, toujours
Mendiant, et sentant s'allumer tous les jours,
Dans son cœur dévoré, la brûlante fournaise
Des maux désordonnés et des vices obscurs !
De bassesse et de trouble effroyable mélange,

Son existence était comme un ruisseau de fange
Qui croupit sous le poids des miasmes impurs!

Elle quitta les siens dans un jour de défaite;
Pendant que les routiers menés à dur fracas
Se sauvaient au hasard sans retourner la tête,
Sous le rideau d'un bois, se hâtant à grands pas,
Elle fuyait, laissant étendus sur la terre
Ses enfants gémissants qui l'appelaient de loin;
Elle n'hésita pas : « Que le ciel en ait soin! »
S'écria-t-elle aussi, comme avait dit sa mère.

Ce que devint sa vie, on ne peut le conter!
Chaque jour amenait son méfait ou son crime
Et la poussait d'un pas encore vers l'abîme
Où tout mal s'empressait à la précipiter.
En proie à la paresse, elle était faible et lâche,
Elle vivait à l'heure en riant de sa fin,
Et croyait vilement avoir rempli sa tâche
Quand elle se donnait pour un morceau de pain!

Ce n'étaient même plus des bandits imbéciles,
Meurtriers par état, qu'elle allait fréquentant,
C'étaient de francs cagoux, des histrions chantant,
De noirs bohémiens pourchassés hors des villes,
Vivant entre la hart et l'écrou des prisons,
Rebut de tous pays et gibier de potence ;
C'étaient eux que Khavah cherchait de préférence :
Tout ce que nous fuyons et que nous méprisons !
Oubliant au matin son amant de la veille,
Elle n'aima personne et ne choisit jamais ;
Elle s'abandonnait à qui voulait, pareille
A la louve affolée errant par les forêts.

Et pourtant quand parfois elle n'était pas ivre,
Quand un éclair douteux passait sur sa raison,
Quand elle osait fixer sur son vague horizon
Ses yeux épouvantés : « Hélas ! est-ce donc vivre ?
« S'écriait-elle alors ; toujours traîner au pié
« Ma chaîne de misère et de sombre infamie,
« Ne jamais se sentir une âme raffermie
« Et ne jamais manger que le pain mendié !

« Que ne suis-je plutôt une pauvre ouvrière
« Travaillant nuit et jour à mon obscur labeur,
« Croyant au Dieu du ciel et faisant ma prière,
« Vivant dans mon repos et dans mon humble honneur !
« Que n'ai-je travaillé ? Bienheureuses sont-elles
« Celles qui, respectant leur esprit et leur corps,
« N'ont pas au vent jeté la honte des remords,
« Et qui ne souffrent pas de mes douleurs mortelles ! »

Ces instants étaient courts; l'habitude du mal
Bien vite reprenait cette âme gangrenée,
Car elle se croyait à jamais condamnée
A marcher jusqu'au bout dans son chemin fatal!

Un soir d'hiver, enfin, à trente ans, décrépite
Comme une centenaire, affamée et sentant
Son œil terne et vitreux rouler dans son orbite,
Seule, affreuse, tombant d'angoisse, ne luttant
Même plus, dans le coin d'une grange accueillie
Par charité, Khavah vit approcher la mort;

Elle se souleva dans un dernier effort,
Rappelant, mais en vain, son âme défaillie,
Et roide, sur le sol, retomba sans retour ;
On mit sur un brancard sa dépouille flétrie,
Qu'on alla nuitamment jeter à la voirie :

    Et ce fut là son premier jour !

II.

La maison est petite, et près de la rivière
Elève ses murs blancs chargés d'un frais jasmin ;
C'est au bout des faubourgs, juste sur la lisière
De la ville ; la porte ouvre près du chemin,
Bordé par des ormeaux à la tête poudreuse
Qui versent autour d'eux leur ombre généreuse ;
On aperçoit les blés vers l'horizon lointain,
Qui courbent sous le vent leurs belles têtes blondes,
Le soleil radieux les regarde au matin
Du haut des verts coteaux et des collines rondes ;
Un grand bois verdoyant, qui projette à l'écart
Son tapis velouté, repose le regard

Sur ses plans diaprés qu'embellit la lumière.
Du fond des champs joyeux, du fond de la cité,
Mille bruits vers le ciel, ainsi qu'une prière,
Montent; dans les prés verts le taureau tacheté
Pousse, en humant l'air pur, ses beuglements superbes;
Les moutons lents et doux ruminent dans les herbes;
Les oiseaux gazouillant sautillent sur les fleurs
En s'appelant entre eux; on entend dès l'aurore
Chanter le gai tic-tac des moulins travailleurs;
La forge gronde au loin et le marteau sonore
Babille avec l'enclume en langage bruyant :
C'est plantureux et sain, sage, fort et brillant!

C'est là que vit Khavah, Khavah jeune et renée!
Ses crimes d'autrefois, souvenir incertain,
Sont un écho douteux que son âme étonnée
Semble fuir en marchant vers un autre destin.
La rénovation qui germait dans son rêve,
Quand ses vices lassés à la fin faisaient trêve,
Ce désir ébauché de vivre en travaillant,
Ce repos entrevu comme un lointain mirage,

Cette existence pure où l'esprit défaillant
A l'honneur régulier reprend joie et courage,
Où l'on donne l'aumône au lieu de l'implorer,
Où l'on peut, chaque soir, sans remords adorer
Celui qui règne aux cieux ; ce beau songe d'une âme
En peine, il s'accomplit et tout est exaucé !

Khavah n'est plus un monstre, à cette heure elle est femme ;
Le chaos est fini, la vie a commencé !

Chaque jour au matin, quand l'aube près de naître
De ses premiers rayons pénétrait la fenêtre,
Khavah prenait l'ouvrage, et d'un soin diligent
Jusqu'à la nuit restait attentive et penchée
Sur les riches habits brodés d'or et d'argent
Dont elle façonnait la forme recherchée ;
Souvent même le soir, à la pâle clarté
Du flambeau grésillant sur la table apporté,
Elle continuait son travail sans relâche
Et sous ses blancs rideaux ne reposait son front

Qu'après s'être payé tout l'impôt de sa tâche !
Ecoutant les conseils de son labeur fécond,
Sa vie était très-calme ; elle était la première
Parmi ces fiers enfants de la race ouvrière
Près de qui nous passons insoucieusement,
Et qui portent au cœur plus de vertus robustes,
Plus d'honneur insoumis et plus de dévouement
Qu'il n'en faut pour grandir les fronts les plus augustes !
Elle était orpheline et seule : ses parents
Dans le champ du repos dormaient depuis longtemps.

Le salaire gagné suffisait à sa vie ;
Un jour nourrissait l'autre, et dans sa pauvreté
Elle n'avait jamais de faim inassouvie ;
Pour elle le travail aidait la probité ;
L'exquise propreté, vertu que tout révèle,
Luxe charmant du pauvre, éclatait autour d'elle ;
Sa chambre était petite et soignée à ravir ;
Un oiseau prisonnier auprès de la persienne
Chantait ; souvent Khavah, pour aider son loisir,
Mêlait en travaillant sa chanson à la sienne !

Elle eut des amoureux; parbleu! qui n'en a pas?
Mais bien discrètement, sans bruit et sans éclats,
Et sans effaroucher la morose voisine
Qui grommelait parfois en tournant son fuseau;
Pourquoi ne pas aimer, lorsque dans sa poitrine
On sent vibrer un cœur, lorsque le ciel est beau,
Lorsque l'on a vingt ans, lorsqu'on vit loin du monde
Et qu'on entre à pleins flots dans la jeunesse blonde?
Elle aima donc ; de plus, sans le dire au curé,
Sans passer à son doigt l'anneau du mariage,
Sans bouquet virginal, et, sur son front paré,
Sans avoir attaché la couronne d'usage !
Et qu'importe, du reste, ou l'époux ou l'amant,
L'amour n'est-il donc pas lui-même un sacrement?

Parmi ceux dont le cœur mérita sa tendresse
Il en est un surtout qu'elle aima ; sa beauté
Était solide et franche, et sa verte jeunesse
S'étalait au soleil comme un chêne agité !
Tout souriait pour eux d'espoir et d'allégresse ;
On devait s'épouser, on faisait des projets,

De beaux rêves d'amour, de bien-être et de paix;
Joyeusement ensemble on allait le dimanche,
La messe dite, errer au loin dans les prés verts,
Parmi les blés jaunis on cueillait la pervenche;
Tous deux l'un près de l'autre et sous les bois couverts,
On s'asseyait pendant qu'un soleil sans nuage
Comme un long réseau d'or couvrait le paysage;
On s'embrassait souvent, tout haut et sans façons;
On riait aux passans, on dormait sur la mousse,
On écoutait siffler les merles des buissons,
Et l'on disait parfois : Ah! que la vie est douce!
Et puis l'on revenait bras dessus, bras dessous,
Au mendiant du pont on jetait quelques sous,
Car toujours cœur rempli nous fait la main ouverte!

Ces heureux jours, hélas! furent vite effacés;
La couche de Khavah devait rester déserte
En expiation de ses crimes passés!
Son amant fut un jour saisi dans une roue
De la forge et broyé; l'on trouva de la boue
Sanglante, un vêtement, et ce fut tout; le sort

L'ayait si brusquement renversé d'un coup d'aile
Que Khavah ne voulait pas croire qu'il fût mort!

Quand cet âpre malheur vint s'abattre sur elle,
Elle avait eu trente ans; tout fut dit de ce jour !
Elle s'ensevelit dans ce dernier amour,
Elle ferma sa porte et vécut solitaire;
La tristesse d'abord, puis ensuite l'ennui,
L'ennui lourd et pesant qui courbe vers la terre
Les fronts les plus heureux où le bonheur a lui;
Le travail même aussi lui fut une contrainte;
Elle eût tout laissé là peut-être, sans la crainte
D'avoir faim; tout espoir, toute joie avaient fui!
Un dégoût persistant et noir l'avait mordue
Et lui versait au cœur ses poisons clandestins;
Aussi, lorsque parfois ses regards incertains
Se perdaient fixement à travers l'étendue,
Elle semblait répondre à des appels lointains
Et s'écriait alors d'une voix éperdue :
« M'est-il donc pour toujours commandé de souffrir?
« Plutôt que vivre ainsi pourquoi ne pas mourir ?

« Pourquoi ce dur travail où je suis condamnée?
« Ah! si j'étais encor jeune et charmante! Si
« Je pouvais par un mot choisir ma destinée,
« J'irais vivre bien loin de mon ciel obscurci,
« Et j'irais, me mêlant aux blondes courtisanes,
« Désaltérer ma lèvre à des coupes profanes,
« Et je serais heureuse, et parmi les splendeurs,
« Laissant couler ma vie embellie et sereine,
« Je n'aurais jamais plus les yeux baignés de pleurs
« Ni le cœur dévoré d'une espérance vaine! »

L'âge vint, puis après, la vieillesse ; souvent
Khavah manqua d'ouvrage, et, du soleil levant
Jusqu'au soleil couché, pleura; dans un hospice
On l'accueillit enfin ; elle y vécut longtemps,
De la vie incomprise accusant l'injustice,
Et caressant en soi ses rêves éclatants!
Revêche, solitaire et par l'âge affaiblie,
Ses songes de grandeurs étaient une folie
Qui lui parlait toujours. Son cerveau nuageux
Ne voyait plus au loin que richesse et bien-être

Hors des contentements du travail courageux.
Enfin elle mourut entre les mains d'un prêtre
Qui lui montrait au ciel un éternel séjour :
　　Et ce fut là son second jour !

III

Près des bords de l'Arno, sous des pins d'Italie,
A travers des éclats de joie et de folie,
Parmi des lis en fleurs une femme a passé.
Autour d'elle bourdonne un cortége empressé :
Seigneurs et cardinaux, princes du saint-empire,
Financiers gorgés d'or, artistes glorieux,
Capitaines hardis, poëtes soucieux,
Tâchent en la suivant d'attirer son sourire ;
Quel que soit son discours, on y règle le sien ;
Chacun voudrait porter son bouquet ou son chien ;
De son humeur altière on a pris l'habitude,
Et tout chante à sa vue : amour et servitude !

Il faut dire pourtant que jamais sous le ciel
On ne vit resplendir une beauté pareille ;
La grâce souriait sur sa lèvre vermeille,
Et ses cheveux touffus aussi blonds que le miel
Ornaient son jeune front d'une douce auréole ;
Plus légère en marchant qu'un oiseau qui s'envole,
Elle enchaînait les cœurs au charme de ses yeux,
Qui semblaient refléter l'azur lointain des cieux !
On épuisait le monde à dorer cette idole ;
Rien n'était assez beau ni rien assez vanté
Pour parer à plaisir cette blanche beauté
Et baigner ses pieds nus dans les flots du Pactole ;
Les orfèvres chercheurs, la servant à genoux,
Façonnaient à l'envi d'éblouissants bijoux
Qui baisaient de leurs feux ses épaules aimées ;
L'ère de Périclès lui prêtait ses camées,
Lahore lui donnait ses tissus merveilleux,
Serendib ses saphirs, Pégu ses pierreries,
Et sur les piédestaux des longues galeries
L'antiquité dressait ses restes radieux,
Que de hauts trépieds d'or éclairaient dans les fêtes !
Elle s'était ainsi montée à tous les faîtes,

Au gré des passions jetant sa vie en fleur,
Elle aurait ruiné le pape et l'empereur,
Et comme Cléopâtre elle aurait bu des perles !
Le monde l'encensait et ne s'en lassait pas
Les admirations qui criaient sur ses pas ;
Ressemblaient à tes bruits, ô mer ! quand tu déferles.

Quelle est donc cette reine au renom éclatant
Qui foule sous ses pieds tous les fronts ? C'est pourtant
L'ancienne mendiante et l'ancienne ouvrière,
C'est encore Khavah !

     Belle, vaillante et fière,
Vivant de ce bonheur qu'un jour elle envia,
Elle a réalisé tous ses rêves avides.
Le nom qu'elle portait dans ces heures splendides ?
Je ne m'en souviens plus, peut-être Impéria !

Est-elle heureuse ? Non ! Une obscure tristesse
Qui ne s'est pas noyée aux flots de sa richesse,

Et dont triomphe aucun ne put être vainqueur,
Pleure dans ses regards et dévore son cœur!

C'est qu'il ne suffit pas, ô courtisane blonde,
D'être belle, d'avoir vaincu la chasteté,
D'abandonner son être à toute volupté
Et du haut de son mal de défier le monde;
Car l'Amour est un dieu jaloux et toujours prêt,
Qui sait se revancher des affronts qu'on lui fait!

Elle aimait, la déesse, et n'était pas aimée!
En vain elle marchait dans la foule charmée
Qui chantait sa louange et l'adorait tout bas;
En vain les plus hautains s'humiliaient pour elle
Et se brûlaient le cœur au feu de sa prunelle,
Son front ennuagé ne se déridait pas!

Elle avait rencontré, dans une nuit de fête,
Un être lumineux, un rêveur, un poëte

Dont le nom grandissant se répétait au loin ;
Pendant qu'il était seul et pensif dans un coin,
Khavah marcha vers lui : « Poëte, lui dit-elle,
« Pourquoi seul parmi tous n'as-tu pas célébré
« Les grandeurs de mon nom par l'amour éclairé?
« Méprises-tu la gloire et ne suis-je plus belle? »
Le poëte leva son regard affermi,
Et se dressant debout, souriant à demi :
« Je puis te célébrer et je suis ton esclave ! »
Puis il dit ce sonnet d'une voix calme et grave:

« Le vase est d'or ! On croirait que les dieux
« Ont façonné sa forme ravissante,
« Sa lèvre rare et sa grâce puissante,
« Ses bords courbés, son galbe merveilleux !

« Les clairs saphirs aussi bleus que des yeux,
« Les diamants à lueur jaillissante,
« Les purs rubis à flamme rougissante,
« Y sont mêlés aux métaux précieux ;

« Chacun le voit, le contemple et l'admire;
« Que contient-il? Du nard ou de la myrrhe?
« Quel est son nom? Honneur ou Vérité?

« N'y touchez pas! la honte l'a sculpté,
« Et dans ses flancs, dont s'est épris le monde,
« Croupit, impure, une liqueur immonde! »

Khavah sentit son cœur se contracter de froid;
Le poëte, debout, souriait, immobile;
Elle fendit d'un bond la foule au flot docile
Et s'enfuit en pleurant de colère et d'effroi!

Depuis ce jour un deuil habite dans son âme;
Ce souvenir la mord sans repos; une flamme
La brûle, et c'est en vain qu'elle veut rejeter
La tenace douleur qui la fait sangloter;
C'est en vain qu'elle cherche un azur sans nuage,
Elle revoit partout, elle revoit toujours,

Au chevet de ses nuits, au soleil de ses jours,
Sans cesse, à travers tout, l'impérieuse image
De l'être dédaigneux qui le premier osait
Mépriser sa beauté que l'on divinisait.
En vain elle luttait, la courtisane pâle,
Son orgueil terrassé poussait son dernier râle,
Et l'amour l'étreignait dans sa rébellion !
Elle aimait, s'épuisait et souffrait en silence !
Pour fuir ce spectre aimé, comme on fuit la vengeance,
Elle entassait en vain Ossa sur Pélion,
Voluptés sur plaisirs, débauches sur folies,
Chaque jour l'abîmait dans ses mélancolies,
Et le fantôme froid, riant à ses combats,
Lui disait : « Aime-moi, je ne t'aimerai pas ! »

Semblable à ces héros des contes légendaires
Qui, sous l'armure d'or, sous le cuissard d'airain,
Sous le heaume marqué d'un blason souverain,
Sentent jusqu'à mourir couler de leurs artères
Le sang chaud et vermeil où le fer s'est trempé,
Sous sa couronne d'or courbant son front frappé,

Faisant envie à tous, et pourtant misérable,
Khavah portait au flanc une plaie incurable !

Elle rêvait des jours de calme et de repos ;
Aussi quand le dimanche elle allait à l'église
Et quand elle voyait, dans l'ombre humide, assise,
Les jeunes fiancés pencher leurs fronts dévots
Et chanter à mi-voix la prière éternelle
En unissant leurs mains, « O mon Dieu ! disait-elle,
« Quelle est donc la grandeur du devoir accompli ?
« Leurs yeux n'ont pas de pleurs, leur front n'a pas un pli ;
« Est-ce donc la vertu qui les rend si charmantes,
« Ces femmes au cœur pur qui passent près de moi
« En baissant leurs regards ? Ah ! que n'ai-je eu la foi
« Qui fait qu'on reste forte à travers les tourmentes
« Et qu'on n'est point brisée aux rochers du flot noir !
« Ah ! la vertu luttante ! ah ! l'amour du devoir !
« Gardienne fidèle et que rien n'apprivoise,
« Si je n'avais été qu'une simple bourgeoise
« Instruite par l'exemple et prompte à m'alarmer,
« Répudiant au loin la folie et le vice

« Et restant blanche et fière auprès du précipice,
« Peut-être alors, mon Dieu! qu'il aurait pu m'aimer! »

Elle le vit un soir, courut à lui : « Je t'aime ! »
Cria-t-elle. Il tourna vers Khavah son front blême
Et lui dit : « Porte ailleurs ton âme en désarroi,
« Trafiquante d'amour, mon cœur n'est pas pour toi ! »

Ce fut le dernier coup ! Khavah, folle, éperdue,
Rentra dans son palais en pleurant. Un grand bruit
Éclata tout à coup au milieu de la nuit ;
Des laquais, l'œil hagard et la tête perdue,
S'empressaient et couraient ; on parlait de poison ;
Des cris de désespoir ébranlaient la maison ;
Un cardinal portant l'onction souveraine
Parut ; Khavah mourait ; humble, douce et sereine,
Elle ne murmurait plus qu'un seul mot : Amour !
Son front déjà glacé fut touché du saint chrême ;
Puis elle s'exhala dans un soupir suprême :
  Et ce fut son troisième jour !

IV

« Ma fille, il n'est pas beau, j'en conviens ; mais, du reste,
« Son âge est acceptable ; il a la jambe leste,
« L'œil encor vif, la main belle, l'air imposant
« Et le port sérieux qui sied en mariage ;
« Et puis comme il est riche et qu'il vous avantage
« Au contrat, cela doit le rendre séduisant
« Et vous faire oublier la folle rêverie
« Dont vous aviez nourri votre petit cerveau ;
« Le ménage n'est pas une plaisanterie !
« Qu'importe qu'un époux ne soit jeune ni beau
« S'il est riche et posé de la bonne manière ;
« L'amour n'a rien à voir en pareille matière ;

« Une position! Croyez-moi, tout est là!
« Il vous l'offre, prenez; c'est mon désir, ma fille,
« Et de plus c'est le vœu de toute la famille! »

Ainsi parla la mère, et la fille épousa!

Ah! que l'heure était lente et longue la journée;
Comme le temps plaintif se traînait en boitant,
Et comme l'âme inerte à son poids entraînée
Se sentait amoindrie en cet ennui flottant!

Dans la grande maison, froide et de couleur grise,
Où le soleil honteux en tremblant se tamise
A travers des rideaux sombres toujours baissés;
Au fond d'un vieux quartier où l'herbe dans les rues
Croît; où, sous les lichens, les tuiles disparues
Se disjoignent au vent sur les pignons cassés;
Où tout est morne et terne, où tout gémit et pleure,
Où rien de radieux ne plane à l'horizon,
Exaucée en son vœu, Khavah vit à cette heure!

La chaîne du devoir la rive à sa prison ;
Elle est là, tout le jour, près de l'époux morose,
Voyant la gaîté fuir sa jeune lèvre rose,
Ecoutant dans son cœur ses désirs trop bavards,
Qui lui disent des mots d'ineffable espérance
Et répètent sans cesse : amour et délivrance !
Vers l'avenir voilé levant ses longs regards,
Et pour mieux échapper au milieu qui l'écrase,
Pour respirer l'air pur loin de son jour brumeux,
A travers le ciel d'or constellé par l'extase,
Menant son âme ardente aux pays lumineux
Où l'illusion chante, où songent les chimères,
Loin des réalités et des choses amères.

L'ennui la dévorait, l'ennui tenace et dur,
Dont la cendre énervante, étouffant toute flamme
Couvrait comme un linceul les replis de son âme !

Pas d'arbre sous les yeux, pas de ciel ; un grand mur,
Ainsi qu'un rideau noir, se levait droit et ferme !
Et quelle vie ! Aller au service divin,

Calculer les impôts ou le prix de la ferme,
Surveiller la lessive et bien serrer le vin,
Lire par-ci par-là quelque vieille gazette,
Si l'on ouvre un roman, sentir qu'on inquiète,
Se coucher au jour clos, et pour tout compagnon,
Dans cette vie étroite, insupportable et nulle,
Où tout est laid, mesquin, piètre et ridicule,
N'avoir auprès de soi qu'un vieil époux grognon !

Longtemps elle vécut de l'espérance austère
De sentir s'agiter dans son sein glorieux
L'être doux et charmant qui lui dirait : Ma mère !
En vain elle attendit l'instant mystérieux
Où, seule, s'enivrant de future tendresse,
Elle pourrait chanter l'hosanna d'allégresse,
Le cantique d'amour de sa fécondité !
En vain elle pria, Dieu maudit sa prière ;
Pendant ses anciens jours cette âme meurtrière
Avait brisé l'essor de sa maternité,
Et le désir ardent, féroce, irrésistible,
Qui dans son cœur troublé criait à haute voix,

N'était que le remords latent, mais perceptible,
D'avoir abandonné ses enfants autrefois!

Quand elle eut vu tomber cette chère espérance,
Elle crut qu'elle avait bu toute la souffrance
Que renferme la vie ; hélas! elle ignorait
Que la coupe est profonde et que l'âpre amertume
Remonte à la surface ainsi qu'un flot d'écume ;
Elle le sut plus tard en la vidant d'un trait !

Lorsque le chamelier, dans le désert aride,
Sent de vagues langueurs descendre dans ses os,
Quand ses pieds sont meurtris, lorsque son outre est vide,
Quand le vent du midi déferle sans repos ;
Malgré sa lassitude et malgré la tempête
Qui hurle en emportant au-dessus de sa tête
Les nuages sanglants où disparaît le jour,
Malgré l'ardente soif qui lui serre la gorge,
Sur les sables brûlants comme un charbon de forge
Il marche avec vigueur, car il sait qu'au détour

De la montagne bleue il trouvera la source
Où l'eau coule et frémit; il accroît son effort,
Il avance, il approche, il augmente sa course,
Il touche enfin le but; incliné sur le bord
Du puits, à deux genoux, dans le sable jaunâtre,
Il boit avec bonheur l'eau vaseuse et saumâtre
Qui doit rendre la force à son corps épuisé !
Il s'en va, raffermi, loin du puits tutélaire
Et brave les dangers des sables en colère;
Car pourquoi craindrait-il le désert embrasé?
Il est fort, il a bu ! son cœur est plein de joie;
Il sourit aux périls, il marche alerte et seul !
Mais l'ouragan redouble et demande sa proie,
Et soulevant le sable en immense linceul
Il y roule à toujours, dans ses tourbillons fauves,
L'imprudent que de loin guettaient les vautours chauves
Et dont nul désormais ne connaîtra le sort !

C'est ainsi que Khavah s'avançait dans la vie !
L'ouragan de son cœur, qui l'avait poursuivie,
Comme le vent du sud allait souffler plus fort !

Lasse de son devoir, tourmentée, à l'écoute,
Ne croyant qu'à son cœur trop plein et s'affamant
De tendresse, elle avait rencontré sur sa route
Un jeune homme hardi qui devint son amant.
Ce lui fut un délire, un bonheur sans mesure !
Elle buvait la vie à cette source impure,
Et se croyait de force à braver l'avenir !

Un jour, le vieux mari surprit tout le mystère ;
Il cria les gros mots de couvent, d'adultère ;
Il disait : mon honneur ! et parlait de punir !
Mais on le pria tant qu'il redevint plus sage ;
Khavah s'humilia devant l'époux vengeur ;
Le jeune homme partit pour un lointain voyage
Et jura d'effacer le passé dans son cœur ;
Le mari s'attendrit, Khavah fut pardonnée !

Mais quel pardon, grand Dieu ! De plus près enchaînée,
De reproches battue à toute heure du jour,
Par des désirs sans fin lentement consumée,
Elle voyait mourir sa jeunesse opprimée,
Qui pleurait de regret sur son fragile amour !

Le soir, lorsque l'époux, abaissant sa paupière,
Digérait près du feu, les pieds sur les chenets,
Khavah, le regardant, sentait son âme altière
S'imprégner de révolte et de vœux inquiets.
« Est-ce là le devoir ? disait-elle à voix basse ;
« Quand mon rêve éperdu m'emporte dans l'espace,
« Mon devoir est-il là ? N'est-il donc pas plutôt
« Où mon cœur attiré répond à qui l'appelle ?
« O verdure des bois ! ô nature éternelle !
« O tempête des mers ! ô murmure du flot !
« C'est vers vous que s'en va mon être en défaillance !
« Être libre ! être libre ! et pouvoir, à mon gré,
« Loin de ce monde étroit où je vis sans croyance,
« Marcher les bras ouverts sous le ciel azuré !
« Vivre enfin, et non pas, sous le joug abattue,
« S'épuiser jour par jour dans cet air qui me tue,
« Comme un vase fêlé qui se vide en pleurant ! »

Souvent elle écoutait, dans son âme blessée,
Parler confusément une sombre pensée
Qui lui disait : « La mort, peut-être, un jour, entrant

« Et prenant ton époux qui glisse vers la tombe,
« Te fera libre enfin ! » A ce funèbre espoir
Criait-elle : Va-t'en ? — Quand un esprit succombe,
On ne sait jusqu'où va son rêve impie et noir !

Un soir, on la trouva roidie, inerte et blanche,
Inclinant pour jamais son pâle front qui penche
Comme un arbre brisé par un fardeau trop lourd ;
Un anévrisme au cœur l'avait décaptivée
Et la mort lui donnait la liberté rêvée :
    Ce fut son quatrième jour !

V

Elle est libre ! elle est libre ! elle vit dans son rêve,
Et l'on voit resplendir sur son front éclairci
Les signes glorieux que la pensée élève
Et dont brilla jadis Maria Robusti.
Par ses yeux, où jaillit l'étincelle de flamme
Qui s'allume, vivante, au doux foyer de l'âme,
Regarde un esprit ferme, ingénieux et sain ;
Elle sent aujourd'hui remuer dans son sein
Un cœur ambitieux de toute grande chose ;
Elle aspire à monter vers l'idéal béni,
Et cherchant le chemin qui mène à l'infini
Son cerveau travailleur jamais ne se repose !

Son vœu des jours mauvais par Dieu fut écouté :
Elle a l'intelligence, elle a la liberté !

Elle fut une artiste enviée et sereine,
Applaudie à fracas, comme une jeune reine,
Et s'enivrant au bruit que soulevait son nom.
Nul n'étendit plus loin sa haute renommée,
Et chaque œuvre nouvelle ajoutait un fleuron
Au diadème pur de sa tête charmée.
Comme on faisait jadis aux maîtres surhumains,
Pour un de ses tableaux, les rois à pleines mains
Jetaient l'or à ses pieds ; la louange immortelle
Brûlait comme un encens et planait autour d'elle !

Dédaigneuse du joug et ne s'en cachant pas,
N'écoutant que la voix de son ardeur profonde,
Elle avait méprisé les préjugés du monde
Et d'un cœur calme et fier affronté ses combats ;
Se croyant au-dessus des choses passagères,
Elle allait souriant aux intérêts vulgaires
Dont le choc journalier éclatait sous ses yeux ;
S'éloignant des pédants et des sots ennuyeux,

Elle ne comprit pas de quel levier immense
Elle eût armé par eux son pouvoir inégal :
Leur ligue est la plus forte et se nomme puissance ;
Qui la guide peut tout pour le bien ou le mal !
Le monde se vengea de ce dédain suprême
Et dès lors s'éloigna de Khavah, car il n'aime,
Imbu d'erreurs que rien n'a pu déraciner,
Que celui qui le sert ou sait le dominer.
Aussi, malgré les bruits dont sa vie était pleine,
Malgré tout ce concert qui chantait son honneur,
Une chose pourtant manquait à son bonheur,
Une chose indécise, injuste et presque vaine,
Qu'on n'obtient pas toujours par l'admiration
Et qui se dit d'un mot : considération !
Mais vivant en dehors des routes ordinaires,
Dans le ciel de son choix poursuivant ses chimères,
Fouillant d'un œil hardi les horizons nouveaux,
Laissant rire les uns et les autres médire,
Khavah continuait sa gloire et ses travaux.

Mais, hélas ! le génie avait beau lui sourire

Et lui montrer de loin l'avenir asservi,
Quelque chose oppressait son cœur inassouvi :
Qu'était-ce? Je ne sais : une vague tristesse,
Un mélange d'espoir, de regrets, de faiblesse
Qui parfois arrachait le pinceau de sa main
Et dans son sein troublé passait comme une flamme !

C'est le besoin d'aimer qui lui montait à l'âme !

Parmi ceux qu'elle avait trouvés sur son chemin
Et qui suivaient ses pas comme pris de vertige,
Inclinés, éblouis et criant au prodige,
Toujours prêts à jurer le serment solennel
De tendresse infinie et d'amour éternel,
Elle avait rencontré, prosterné plus qu'un autre,
Un artiste avorté, subtil et beau parleur ;
Dans ce pédant bavard elle vit un apôtre,
Se prit à ses discours, admira sa pâleur,
Et généreusement, sans voiler sa défaite,
Lui jeta d'un seul coup tout son cœur à la tête,

Ce qu'elle aimait en lui, c'est moins ce qu'il était,
Peut-être à son insu, que ce qu'elle y mettait.
Dans ce vase sans fond versant sa fantaisie,
Elle n'y savait voir qu'amour et poésie ;
Les autres y trouvaient la médiocrité
Débitant à grands frais de vagues mots sonores,
Ignorante, grossière, aux reflets incolores,
Et portant ses vrais noms : paresse et vanité !
Mais Khavah l'adorait ; par l'amour aveuglée,
Elle ne voyait pas, dans cette âme écroulée,
Les débris de vertus par le vice couverts
Où l'envie et l'orgueil veillaient les yeux ouverts.

Un jour qu'elle arrivait, radieuse et charmante,
Sur le bout de ses pieds, dans l'atelier discret,
Joyeuse de le voir et sur sa lèvre aimante
Pour être mieux reçue ayant un baiser prêt,
Elle cria d'horreur en voyant, morne et blême,
Son amant dans les bras d'une fille bohème,
Une fille sans nom, un modèle douteux,
Quelque chose de vil, de sale et de honteux.

Elle crut que son cœur sombrait dans la tempête,
Un nuage de mort passa devant ses yeux ;
Puis elle s'éloigna sans retourner la tête,
En maudissant la vie et l'amour odieux.
Mais quand elle fut seule, en proie à sa détresse,
S'épouvantant du choc qui brisait sa jeunesse,
Elle cria, pleurant et demandant merci :
« Qu'ai-je donc fait, mon Dieu ! pour mériter ceci ? »

Khavah ! ressouviens-toi de tes jours de déroute,
Où mendiante impure, à tous ouvrant les bras,
Tu vendais ton amour aux passants de la route !
As-tu donc expié tes crimes d'ici-bas ?

Elle abandonna tout, son œuvre et sa fortune ;
Trouvant la vie amère et la gloire importune,
Elle s'enfuit bien loin, vers des lieux inconnus
Où son bruit et son nom n'étaient point parvenus ;
Le cœur saignant encor de sa triste aventure,
Se courbant sous le poids de ce dur châtiment,
Elle vécut de calme et de recueillement,
Et d'un amour immense elle aima la nature !

Elle aima les prés verts, les ruisseaux, les grands bois,
Les couchers de soleil et les étranges voix
Qui, dans les nuits d'été, se parlent sous les nues ;
Elle aima les vallons, les montagnes chenues,
Les oiseaux voyageurs qui cherchent le printemps,
Les rivages déserts, les vagues déferlantes,
Les varechs embaumés, les rochers éclatants
Et les fleuves herbus qui poussent leurs eaux lentes.
A force de monter de la terre au ciel bleu
Et de fouiller la vie, elle avait compris Dieu,
Le Dieu puissant et doux qui vit dans toute chose,
Et dont la loi suprême est la métamorphose !

Puis, de Dieu descendant vers le génie humain,
Elle inclina son front vers les œuvres sublimes
Où des hommes sacrés, marchant par tout chemin,
De l'avenir obscur ont découvert les cimes ;
Elle étudia donc les poëmes vivants
Et les livres pensifs qui jettent dans les vents
Le grain pur et fécond de l'immortelle idée,
Et par de tels travaux son âme secondée
Vit Dieu vivre dans l'homme et le conduire au but !

Pénétrant plus avant dans la force éternelle,
Elle surprit partout la vie universelle
Et comprit l'avenir, l'amour et le salut!
Comme elle avait souffert, elle aima la souffrance;
Lisant une promesse à travers l'espérance,
Elle chercha toujours l'ardente vérité
Et sentit dans son cœur battre l'humanité !

Aussi lorsque le bien qu'elle aurait voulu faire
Restait inachevé comme un songe incomplet,
Elle sentait parfois des entrailles de mère
En elle s'émouvoir pour tout ce qui pleurait;
Elle disait alors : « Si j'avais la puissance,
« Si pour moi la richesse aidait l'intelligence,
« Comme un fleuve d'amour j'irais me répandant !
« Consolant, soutenant, relevant, fécondant,
« Je calmerais la vie, apaisant ce qui souffre,
« Donnant l'espoir divin aux plus découragés,
« Montrant l'étoile d'or aux pauvres naufragés,
« Ainsi qu'un bon génie assis au bord du gouffre,
« Accueillant tout débris par le sort rejeté,
« Je ne m'appellerais qu'amour et charité ! »

Elle vieillit ainsi, de son rêve suivie,

Comme se préparant à sa prochaine vie,

Grandissant vers le Vrai, vers le Beau, vers le Bien,

S'avançant pas à pas dans la route aspirée,

Et chaque jour encor resserrant le lien

Qui l'unissait à Dieu, jusqu'à l'heure espérée

Où la mort la saisit dans ses bras à son tour :

  Et ce fut son cinquième jour !

VI

Elle avait compris Dieu ! la voilà parvenue
Au dernier échelon !

               Nous l'avons tous connue ;
Tous, nous avons vers elle incliné notre front
Quand près de nous passait sa beauté rayonnante,
Quand son sourire doux, plein de grâce avenante,
Brillait comme une étoile en son regard profond,
Et nous nous taisions tous quand sa lèvre adorable,
Perle à perle, égrenait la parole ineffable
Qui germait dans nos cœurs ainsi qu'un grain fécond.

Sa main savait panser toutes les meurtrissures,
Et ses yeux connaissaient les routes les plus sûres
Pour trouver la misère en son humble retrait;
Elle épanouissait sa charité puissante
Comme une fleur d'été vivace et renaissante
Dont le subtil parfum sur tous se répandait;
Sa rapide bonté, prévoyante et fidèle,
Ainsi qu'un fleuve pur jaillissait autour d'elle :
Son cœur fut un trésor et sa vie un bienfait!

Cette âme pécheresse, inquiète, asservie
Et si longtemps douteuse avait, à chaque vie,
Appris une vertu : d'abord la charité,
Puis le travail, l'amour et le devoir austère,
Enfin l'intelligence, et, dans chaque mystère
Des incarnations de son éternité,
S'était faite meilleure en cherchant à connaître
Un des mots du problème où se perd le Grand-Être,
Et dont le dernier terme a pour nom : Vérité!
Elle avait tout conquis, tout, hormis la puissance,
Que Dieu lui réservait, suprême récompense,
Pour terminer enfin sa genèse ici-bas!

Les rêves avortés de ses jours de détresse,
Qui si souvent avaient murmuré leur promesse
A son esprit ému, faible, rebelle et las,
Et qui, la conduisant par d'invisibles voies,
L'avaient vêtue enfin de vertus et de joies,
Se réalisaient tous aujourd'hui sans combats.

Elle avait rencontré, chose rare et divine,
L'amour dans le devoir, et sa blanche poitrine
Se soulevait d'ardeur pour aimer son époux.
Quel était-il? Peut-être, à travers les distances,
Trouva-t-elle celui qu'aux autres existences
Elle avait poursuivi de son amour jaloux ;
Est-ce lui qui fuyait à chaque destinée,
Et dont l'âme éternelle aujourd'hui ramenée
Vient s'unir à la sienne en un sort pur et doux ?
Je le crois, mais Dieu seul aurait su nous répondre !

Souvent elle sentait son cœur prêt à se fondre
Sous l'excès du bonheur dont ses jours étaient pleins ;
D'intelligents enfants grandissaient autour d'elle
Et s'ébattaient joyeux à l'abri de son aile ;

En leur nom, elle allait des maigres orphelins
Surprendre la douleur et calmer la misère ;
Pour tout ce qui souffrait elle se sacrait mère,
Apaisant les sanglots, rassasiant les faims,
Couvrant les nudités et rendant l'assurance
A ceux qui s'engouffraient dans la désespérance !

Malgré ses monceaux d'or et son nom imposant,
Malgré les grands éclats qui brillaient dans sa vie,
Nul contre ses splendeurs ne fut saisi d'envie,
Nul ne put repousser son charme séduisant ;
Elle nous dominait, tranquille et vénérée,
Adorable pour tous et par tous adorée,
Car elle traversa le monde en bienfaisant !

Tout ce qui l'approcha fut heureux ! Sa richesse
S'écoulait à longs flots en fleuve de largesse
Où se désaltéraient, empressés et joyeux,
Se plongeant le visage au sein de l'eau profonde
Et se redressant forts, les affamés du monde !

D'un geste de sa main, d'un regard de ses yeux,
Elle savait bénir et donner du courage,
Comme un astre divin qui pendant le naufrage
Disperse tout à coup les ténèbres des cieux !
L'éclatante bonté qui sortait de son âme
Rayonnait sur son front comme un nimbe de flamme,
Éclairant sa beauté d'un reflet surhumain ;
Aux chercheurs égarés elle indiquait la route ;
Au delà de la nuit et des brouillards du doute,
Vers l'avenir meilleur elle tendait la main,
Relevant les vaincus en proie à leur démence,
Guidant leur cœur surpris vers un Dieu de clémence,
Et pour tous écartant les ronces du chemin !

Elle n'ignora rien : nul art, nulle science
Ne furent inconnus à son intelligence
Qui se plongeait en tout et voulait tout savoir.
Répudiant au loin cette feinte faiblesse
Où la femme vulgaire abrite sa paresse,
Elle chérit l'étude et se fit un devoir
D'abreuver son esprit aux sources jaillissantes

Où l'homme, ravivant ses forces faiblissantes,
Boit à longs traits l'amour, la vigueur et l'espoir !
Aussi, comme un soleil à féconde lumière,
Elle était le milieu d'un monde planétaire
Qui gravitait près d'elle, éblouissant de feux ;
Savant au front penché, musicien, poëte,
Artiste pénétré, chacun, de sa retraite,
Accourait vers le soir, pensif et glorieux,
Autour de l'astre d'or rouler en satellite.
Elle vivait ainsi dans des foules d'élite,
Comme les souverains n'en ont pas auprès d'eux !

Son esprit grandissait, son âme fécondée
Allait s'élargissant au courant de l'idée ;
Et, chantant l'hosanna de son propre bonheur,
Son cœur ému sentait vibrer en lui sans cesse
Des trésors renaissants d'ineffable tendresse,
Où le monde ébloui puisait avec ardeur ;
A ce foyer d'amour endormant sa souffrance,
Chacun venait près d'elle apprendre l'espérance,
Vaincre le mal funèbre, et se trouvait meilleur !

Jamais femme ici-bas ne fut plus désirée,
Et cependant jamais, ni matrone sacrée,
Ni veuve lamentable au maintien douloureux,
Ni vierge agenouillée en prière à l'église,
Ni reine couronnée et sur son trône assise,
N'inspira de respect à ce point rigoureux;
Jamais un mot douteux ne frappa son oreille;
On adorait de loin cette douce merveille,
Et quand on l'avait vue on s'en allait heureux!

A cette heure elle aimait dans chaque créature
Ce Dieu qu'elle avait vu dans toute la nature,
Jadis, pendant ses jours de désespoir errant;
Elle l'aimait ce Dieu qui veille et qui console,
Dans le vent qui gémit, dans l'oiseau qui s'envole,
Dans l'insecte effaré qui passe en murmurant,
Dans les flots voyageurs, dans le roc immobile,
Dans le fleuve emporté, dans l'arbrisseau débile,
Dans les bois chevelus au parfum enivrant;
Elle l'aima surtout dans les âmes humaines,
Cheminant pas à pas aux routes incertaines,

Aspirant vers lui-même et cherchant à grandir,
Gravissant de nouveau le sentier du Calvaire,
S'inclinant sous le poids de la croix légendaire,
Montant, montant toujours pour se reconquérir,
Semblable au prisonnier qui veut hâter la vie
Pour atteindre plus tôt l'heure tant poursuivie
Où la lourde prison enfin devra s'ouvrir.
C'est lui qu'elle priait quand elle disait : « Père,
« A tout ce qui t'invoque accorde un sort prospère,
« Protége le ciel bleu, protége les buissons,
« Protége les soleils qui roulent sur nos têtes,
« Protége le rocher battu par les tempêtes,
« Protége le doux nid tout bruyant de chansons,
« Protége le vieux chêne et la plante flétrie,
« L'enfant qui se lamente et la femme qui prie,
« Et l'homme prosterné qui pleure en oraisons !
« Je suis heureuse, ô Père ! à toi ma voix s'élève !
« Donne, par ta bonté, vie à mon dernier rêve,
« Si je sais ta grandeur, si j'ai compris ta loi,
« Si mon cœur, pénétré de ta toute-puissance,
« A surpris le secret de ton intelligence,
« Si content et serein tu souris à ma foi,

« Puisque mon front blanchi penche sous l'âge austère,
« Ne jette plus jamais mon âme sur la terre,
« O Père de justice, appelle-moi vers toi ! »

Elle grandit toujours, plus forte et plus aimante,
Et lorsque vint la mort, douce et presque charmante,
Quand l'heure du repos eut sonné sans retour,
Auprès de ses enfants, Khavah transfigurée,
Tournant encor vers eux sa prunelle altérée,
Laissant tomber sur eux des paroles d'amour,
Khavah ferma les yeux, croyante et résignée,
Comme un bon moissonneur qui finit sa journée :
  Et ce fut son sixième jour !

VII

C'est le septième jour, c'est le repos suprême !
Khavah n'est plus sur terre ! Au sein de Dieu qui l'aime,
Dégagé, pur, heureux, son esprit est monté
Et jouit maintenant de son éternité :
Éternité d'amour et de béatitude
Dont sa dernière vie était le doux prélude !

A cette heure son âme a compris sans effort
Le renouveau puissant qui succède à la mort ;
Elle sait que la mort, dont chacun s'épouvante,
N'est qu'un instant d'arrêt de la force vivante,

Et que si dans son vol elle éteint un flambeau,
Elle en rallume un autre, ardent, jeune et plus beau ;
Elle sait maintenant que rien dans la nature
Ne périt ; elle sait que tout se transfigure ;
Que cherchant l'idéal et la perfection,
Chaque être, accomplissant sa transmigration,
Gravissant les sentiers de la vie éternelle,
Tend à monter vers Dieu, qui l'attend et l'appelle,
Et que, libre d'agir, chacun tient en sa main,
Dans l'œuvre d'aujourd'hui, le sort du lendemain !

Ses amours sont en elle ; au fond de son essence
Elle sent vivre ceux que, dans chaque existence,
Elle aima. Compagnons à sa gloire élevés,
Ils boivent longuement à ces bonheurs rêvés
Autrefois sur la terre ; et ces âmes unies
A la sienne ouvriront les portes infinies
Qui mènent jour par jour aux soleils lumineux
Où résonne exalté le chant des bienheureux ;
Car lorsque nous partons pour de nouvelles vies,
Continuant toujours les routes poursuivies,

Nous emportons en nous comme un dépôt sacré,
Souvenir persistant, immuable, adoré,
Une vivante part des âmes fraternelles
Qui versèrent en nous des tendresses jumelles,
Et cette part s'élance et nous pousse, et nous suit
Aux pays inconnus où l'avenir nous luit !

Khavah sait maintenant que tous ces vastes mondes
Qui par-dessus nos fronts accomplissent leurs rondes,
Que ces étoiles d'or dont nos yeux éblouis
Suivent les feux ardents au jour évanouis,
Que les chemins lactés, blancs pollens de lumière,
Diamants des soleils qui roulent en poussière,
Que les lunes tremblant à l'horizon lointain
Et fuyant dans le ciel au souffle du matin,
Que, ceints de leurs anneaux, les immenses saturnes
Qui glissent lentement dans nos nuits taciturnes,
Sont des lieux de passage où l'âme en ses travaux
Va chercher l'espérance et des destins nouveaux ;
Que là, dans des splendeurs qu'on ignore sur terre
Et dont nul jusqu'ici n'a percé le mystère,

Dans de jeunes vertus, dans des sens plus nombreux,
L'âme poursuit encor son vol aventureux,
Toujours, toujours plus haut développant son aile
Et franchissant un pas à chaque mort nouvelle,
Plus près, toujours plus près de ce Dieu de bonté,
Qui dans nos propres cœurs vit son éternité!

Dans le repos divin où sa force s'augmente,
Khavah sent bouillonner en son âme charmante
Des sources de vigueur et des besoins d'amour
Qui la poussent à vivre et qui cherchent le jour :
Non pas le jour menteur où notre vie humaine
A travers le brouillard se lamente et se traîne,
Mais le jour embaumé, tout-puissant, idéal,
Que jamais n'obscurcit le doute ni le mal ;
Elle veut se mêler aux âmes inconnues
Qui vivent au soleil et chantent sous les nues !
Toute pleine du bien qu'elle peut déverser,
Elle aspire à revivre et voudrait s'élancer
De genèse en genèse et d'étoile en étoile,
A chaque ascension levant un coin du voile,

Suivant toujours de loin, comme un songe meilleur,
Des appels de vertu, de joie et de ferveur
Qui murmurent tout bas la promesse enivrante
D'un amour plus exquis, d'une foi plus vibrante,
Espoir inassouvi de la perfection
Qu'éloigne et que grandit chaque création,
En nous montrant encor bien au delà du rêve
Un idéal plus saint qui paraît et s'élève,
Et nous donne l'ardeur et l'âpre volonté
De vivre pour atteindre à ce but enchanté ;
Jusqu'à ce jour où l'âme, éclatante et sereine,
Sous les flots de l'azur passant en souveraine,
Ayant vécu sur terre, ayant au ciel vécu,
Forte de tout amour et de toute vertu,
Ayant acquis enfin les grandeurs innomées,
Dont le rayon éclate aux sphères enflammées,
Ayant tout accompli, toute œuvre, tout devoir,
N'ayant rien à souffrir et plus rien à savoir,
Ayant mêlé sa vie à la nature entière,
N'étant plus que splendeur, que beauté, que lumière,
Et du dernier chemin délaissant les sommets,
Retourne enfin à Dieu qui l'absorbe à jamais !

Khavah prête à partir pour ce nouveau voyage,
Sent croître son bonheur et hausser son courage;
Elle veut conquérir l'ardente vérité
Qui s'apprend mot par mot pendant l'éternité,
S'enivrer de tendresse auprès de Dieu lui-même,
Vivre, mourir, revivre, et dans l'astre suprême
Pouvoir comprendre enfin Dieu dans chaque attribut,
Car c'est là le devoir, l'espérance et le but!

Septembre-novembre 1857.

# TABLE DES MATIÈRES

TABLE DES MATIÈRES

Dédicace.. 5

LIVRE PREMIER

GO A HEAD

I.	Les Semailles (sonnet)........................	9
II.	Terre! Terre!................................	11
III.	Tombeaux grecs...............................	19
IV.	Ceci tuera cela! (sonnet)....................	31
V.	La Fête......................................	33
VI.	Xercès.......................................	43
VII.	Vision.......................................	45
VIII.	Les Trois Sœurs (sonnets)....................	69
IX.	Puero Reverentia.............................	73
X.	L'Etoile (sonnet)............................	85
XI.	Le Cor d'ivoire..............................	87
XII.	La Voix des Apôtres..........................	93

LIVRE DEUXIÈME

La Mort du Diable.. 117

LIVRE TROISIÈME

CONFIDENCES

I.	La Maison déserte....................................	181
II.	Ou donc?...	185
III.	L'Enclos...	189
IV.	Equinoxe (sonnet).................................	201
V.	Diis Manibus...	203
VI.	Devoir..	211
VII	Conte de Fées..	217
VIII.	Chanson..	225
IX.	Lassitude..	229
X.	Debout!..	235
XI.	Embuscade..	241
XII.	Rosée...	243
XIII.	Vox audita...	245
XIV.	A George...	251
XV.	Marine..	267
XVI.	La Veillée..	269
XVII.	Au Conservatoire (sonnet).................	277
XVIII.	Soleil couchant......................................	279
XIX.	Orgueil...	283
XX.	Printemps..	285
XXI.	Testament..	287
XXII.	Les Sept Planètes (sonnets)...............	293

LIVRE QUATRIÈME

La Vivante.. 305

www.ingramcontent.com/pod-product-compliance
Lightning Source LLC
Chambersburg PA
CBHW050547170426
43201CB00011B/1603